HILDEGARDE DE BINGEN

La puissance et la grâce

Lucia Tancredi

HILDEGARDE DE BINGEN

La puissance et la grâce

roman historique

traduit de l'italien par Sylvie Garoche

nouvelle cité

Titre original : Lucia Tancredi, *Ildegarda La potenza e la grazia,* © 2009, Città Nuova Editrice, Via Pieve Torina 55, 00156 Roma

Composition : Pauline Wallet
Couverture : Yann Fabre – Rivage Création

Illustration de couverture :
p. 1, *Sainte Hildegarde et les saisons,* Codex Latinum 1942 c. 38r.
Lucca, Italie, Biblioteca Statale

Domaine d'Arny
91680 Bruyères-le-Châtel

ISBN 9782853136822

À ma mère qui aime les choses impossibles

PROLOGUE

Moi, Adélaïde, fille de Frédéric de Sommerschenberg, comte palatin, abbesse de Gandersheim, parvenue à la fin de mon siècle, je laisse à mes filles bien-aimées ces rouleaux qu'elles veilleront à dérouler comme des bandelettes de Lazare. Elles trouveront écrits sur ces quelques feuilles des souvenirs de ma vie, notes qu'elles pourront lire quand les jours raccourcissent et que les lanternes restent allumées plus longtemps.

Elles parleront dans leur latin et feront des récits, comme nous savions le faire.

On a dit qu'Adélaïde ne faisait pas honneur à Gandersheim, un endroit où toutes les abbesses avaient écrit : comme Gerberge et la grande Roswitha. Qui dédia à l'empereur des Othons un plus beau poème que n'en aurait écrit Ennius ou Livius.

Dans ma jeunesse j'ai essayé moi aussi de commencer un poème, avec des mots frisés comme des lys. Mais je ne me sentais pas chez moi dans cette langue, je la maltraitais comme un voyageur qui essaye de parler dans une langue étrangère.

Maintenant je suis vieille et je ne me plains pas. Mes yeux se brouillent chaque jour davantage, mais le peu que je vois brille comme un plat en cuivre et un jour de neige est pour moi comme une journée où monte le lait.

La vieillesse enveloppe le corps comme le fait la neige, quand chaque parole provient du silence et devient belle. Les paroles qui viennent du silence paraissent immobiles à la surface, mais elles se déplacent de manière souterraine. Elles tombent en pluie de façon légère.

Adélaïde sonne comme un cristal. C'est un nom léger qui ne lâche pas de lest.

C'est comme cela que doivent être mes paroles. Faciles à comprendre, sans faire rouiller la raison. Comme les paroles d'une mère.

Je recommande aussi aux filles de mon cœur ce que je possède de plus précieux : ce sont des parchemins de peau très fine enroulés dans du tissu de damas et scellés. Ils contiennent les mémoires de ma mère, tels qu'elle les a dictés, jusqu'à son dernier souffle.

Je ne parle pas de ma mère selon la chair. J'étais à peine sevrée lorsque Liutgarde von Stade, après avoir divorcé de mon père, devint l'épouse d'Henri, roi du Danemark. Je me suis longtemps demandé si son visage avait gardé toute sa distinction, gravé comme dans la miniature, toujours froide, que je serrais contre mon cœur. Ou si les graves yeux d'icône ou de chauve-souris qui me hantaient dans l'obscurité de mon sommeil étaient les siens.

Ma mère est Hildegarde, abbesse de Rupertsberg. C'est à elle que je fus confiée pour qu'elle m'éduque et fasse de moi une abbesse, comme il en avait été décidé dès ma naissance.

Le jour où on m'amena à elle j'étais une enfant ingénue et ignorante, toujours un peu malade. Elle me le dit tout de suite, quand elle m'aida à m'habiller pour la nuit et qu'elle veilla près de moi parce que je tremblais de chagrin : mes membres étaient fragiles comme du pain azyme. Elle m'apprit à ne plus trembler. Et à aimer l'obscurité presque comme s'il était l'autre visage de la lumière. C'est bien ce que fait la lune, qui possède un visage de perle et un autre de ténèbres, tout en restant toujours l'astre rationnel qui nous nourrit. Sans elle nous serions comme des chatons aveugles.

Hildegarde me disait qu'aucune douleur ne s'écoule avec la même violence qu'elle montre à sa naissance, et qu'elle s'éparpille ensuite en filets dans les fibres de notre corps.

Mais le corps l'adoucit, l'apprivoise petit à petit. La chair aussi connaît ses raisons, tout comme l'âme.

Hildegarde avait l'habitude d'employer une parole qui désignait pour elle l'essence même de la vie comme une écume, une métamorphose, et une création intarissable : c'était le mot viridité.

Il y a partout de la viridité. C'est pour cela que le monde ne prend pas de cheveux blancs.

Elle non plus ne vieillissait jamais. Son corps, à quatre-vingt-deux ans, lui donnait toute satisfaction et elle en prenait grand soin parce que – disait-elle – il était la tunique de grand prix qu'il lui faudrait rendre un jour, aussi parfait qu'on le lui avait donné. Sans défaut et sans déchirure.

Dans ce corps son âme resplendissait comme le soleil qui se laisse regarder au matin ; et avec elle, qui était le soleil, je me sentais comme la flamme haute et ardente sur le candélabre.

Le plus grand talent d'Hildegarde était le bonheur. Elle détestait le noir, les cilices et les mortifications qu'elle considérait comme d'inutiles vanités de l'orgueil, une façon de s'enticher de soi bien plus subtile et complaisante que la luxure. Elle préférait que les tuniques soient vertes ou blanches, elle ne nous coupa pas les cheveux et elle voulait que nous nous ornions de perles et de roses, pour ne pas éprouver la honte de notre jeunesse. Elle nous enseigna qu'il n'y a pas de faute à aimer le miel qui est dans les livres et elle écrivit pour nous la musique sublime des anges, afin que nous éduquions notre voix et notre corps au Vrai Bien.

Elle ne se soucia jamais des critiques : on disait qu'elle était une sorcière avec de longs cheveux de foin et nous les servantes qui dansions comme Salomé, éduquées aux allures libres des scoliastes.

Elle regardait au-delà. Sa joie ne se prêtait pas à ce relâchement qui chez quelques femmes se révèle ensuite être un gant râpeux, mais elle possédait une ferme clarté qui la rendait inébranlable devant tout coup de griffe. Le mal glissait sur elle comme s'il la lavait, pour la nettoyer et la rendre plus splendide encore.

Elle disait que l'école du bonheur enseigne cent fois plus de choses que celle de la douleur.

Voilà qui était Hildegarde, ma mère, ma sœur.

J'étais à Rupertsberg avec Hildegarde quand on est venu me chercher. La vieille mère abbesse de Gandersheim était morte et je devais prendre la place qui me revenait.

Ce jour-là mon nom, Adélaïde de Sommerschenberg, était un cristal de glace plus dur que le jaspe où, comme un chevreuil épuisé par l'hiver, j'écorchais mes pattes sanglantes.

À la longue j'avais oublié ce nom. Mon père et ma mère l'avaient fondu et coulé et maintenant ce nom réclamait ses droits, il ouvrait des portes que je ne voulais pas, grinçant sur des gonds de bronze. On disait que le nom de l'abbesse de Gandersheim devait provenir d'une lignée impériale parfaitement pure. Mais ils ne savaient pas que j'étais l'anneau dépareillé de la chaîne.

J'arrivai à Gandersheim comme la victime d'un sacrifice, pâle de fièvre. Ils furent déçus. Ils pensaient peut-être que j'étais une tour bien plantée sur mes os. En réalité, ils auraient préféré que je sois assez semblable à un homme, parce que dans les temps où nous sommes le sceau impérial a peu de poids contre l'avarice des barons.

Saint Jérôme le dit lui aussi : quand une femme met de côté sa nature féminine et assume l'esprit d'un homme c'est comme si le sapin ruisselait de miel, ou si une ortie produisait des roses.

Je me montrai comme une ortie terriblement rugueuse et inutile, m'enfermant dans la chambre pour faire tomber la fièvre.

L'hiver transformait les journées en une seule grande nuit et la fièvre me consumait comme une chandelle. J'essayais d'écouter les bruits extérieurs, très lointains quelquefois, qui provenaient du bois proche du couvent, des animaux ou des gémissements des arbres. Dans ses visions Hildegarde entendait les racines tourbillonner et les semences de la terre se déchirer. Et nous sommes nous-mêmes comme des semences enfermées dans une gaine de sommeil.

Ainsi je n'arrivais pas à m'extraire de mon petit lit de Gandersheim, où le temps s'écoulait comme le sable dans une urne tiède. J'écrivis à mon père : je ne suis pas encore prête à endosser la charge de mère abbesse.

Et à Hildegarde : ma mère, je ne suis pas un sapin qui ruisselle de miel.

On m'accorda du temps et je pris congé, de façon cérémonieuse, des sœurs de Gandersheim.

Au cours du voyage, je respirais déjà mieux. Bingen m'apparut comme la Sion adorée.

À l'endroit où le Rhin rencontre le Nobe, qui est à peine plus gros qu'un torrent, la boucle de la mer était l'eau d'une cuvette où palpite une veine souterraine turquoise. À cette saison la mer nous montre surtout ses limites. Je montai le long de la roche de Rupertsberg, les chevaux haletaient et leur haleine formait comme des nuages. Hildegarde m'attendait hors des murs, je me prosternai et je lui embrassai les genoux. Puis je pleurai. Ses habits étaient d'un chanvre plus doux que jamais. Elle me souleva le visage et je lui demandai, en larmes : « Ma mère, ma mère. Est-ce que Dieu aime les femmes ? »

Elle répondit alors : « La Vierge Marie, quand elle reçut l'annonce que le roi voulait habiter dans sa demeure close, tourna son regard vers la terre qui l'avait formée et elle se dit prête. Il y en a qui disent que les femmes ont moins de valeur parce qu'elles regardent plus la terre que le ciel. Mais c'est la terre que les yeux de la Vierge Sainte ont fixée. Sur la terre, là où tout semble se contracter, se montrent l'ordre et la suprême unité de l'artisan. Celui qui vénère la terre ne prétend pas que les sapins ruissellent de miel. »

Puis nous avons fait une promenade sur un plateau non loin de l'abbaye. Pour Hildegarde la vision du vert nettoie la vue et débarrasse l'œil intérieur de toute brume.

Nous étions au profond de l'hiver et au vert vif de la mousse se mêlait la couleur de la tourbe et de la bruyère, du pollen et de la neige que le soleil dissout en eaux mortes. L'effet était celui d'une tapisserie tissée. Les yeux d'Hildegarde étaient de même nature : un vert vif presque liquide, qui se tintait parfois d'or marcescent et brun. Elle parvenait encore à se pencher pour herboriser. Elle avait l'air de ne pas pouvoir penser autrement qu'avec les mains. Elle me demanda de l'accompagner jusqu'à l'herboristerie, qui consistait en un bâtiment un peu caché dans le couvent, pas très spacieux près des balnea. Elle donna l'ordre de préparer une infusion d'achillée pour une femme ayant au pied une vieille blessure qui ne parvenait pas à cicatriser et qui lui infectait tout le corps. J'appris, les jours suivants, que cette blessure, au contact des feuilles chaudes déposées sur des bandes de lin, se cicatrisait petit à petit. De la même manière cette plaie que je portais en moi, et qui venait de mon inaptitude, de mon échec dans la charge qui m'avait été confiée, du fait d'avoir déçu les attentes de tout le monde, se referma. Au point de presque l'oublier, si ce n'est au moment de quelque serrement soudain, comme cela se passe pour les vieilles blessures qui grésillent au changement du vent. Quelquefois c'était aussi dans le sommeil, quand les ombres se tordent dans les révélations, que se manifestait la vérité de ma condition.

Je m'obligeais alors à faire de la marche, tout de suite après les Laudes, quand les sœurs retournent se reposer.

Dans le ciel, des vols de canards sauvages, jouant avec leurs ailes, en vol serré, montraient qu'ils connaissaient le sens de leur voyage. De la même manière l'arbre ne craint pas la solitude de la branche squelettique. Et l'eau possède une mémoire quand de filet elle devient fleuve. Voilà quelles étaient mes pensées, parce qu'au milieu de la création je n'avais pas le sentiment de posséder un instinct qui soit juste.

Mais je marchais pourtant en adhérant à la terre avec mes souliers, comme Hildegarde disait de le faire : la plante large et souple, les doigts allongés, sans crispation. C'est de mes pieds qu'allait provenir une réponse.

Je reçus ces jours-là le rôle qui m'était confié. Autrefois deux moines avaient assisté Hildegarde : Gottfried, d'abord, et après sa mort, Wilbert. Ils avaient retranscrit l'histoire de sa vie, telle qu'Hildegarde l'avait racontée. On me dit que ces deux secrétaires n'avaient pas su résister à la tentation d'écrire sur elle comme si elle était une sainte. Alors que la Vraie Lumière lui avait dit sans ambages, dans une de ses visions, qu'elle ne serait jamais sainte. Elle disait tout cela presque avec détachement, comme si elle parlait d'une autre personne, qui était d'une certaine manière assez intime avec elle. Mais elle devint silencieuse et, quand elle leva les yeux vers moi, je remarquai que son regard était comme plongé dans des cendres automnales.

« Viendront des temps où les femmes pour atteindre la sainteté devront se dépouiller de leur nature. Parce que l'homme a été créé à partir de la boue, tandis que la femme a été façonnée de chair et de sang. L'homme au début était nu comme un simulacre, aussi demanda-t-il à la femme de le vêtir de chair et de sang. L'œuvre fut un moule parfait, comme c'était dans les intentions du Grand Potier. Mais les temps changeront. On demandera aux femmes d'oublier leur corps, en ne voyant en lui qu'à peine plus que l'embarras d'une écorce. Comme le dit Aristote, selon lequel la difformité de la femme ne fait pas partie de l'ordre naturel des choses, le saint s'élèvera d'autant plus qu'il se détachera de la cage de ses viscères. Les femmes saintes deviendront des esprits. Mais Dieu, qui aime en toute chose la discrétion et l'harmonie, n'a pas créé l'âme pour qu'elle reste à soupirer, mais pour qu'elle habite le corps, comme l'abeille

dans sa ruche de miel. Mais ma compréhension des choses ne sera pas en vogue, dans les temps à venir, où à la discrétion on préférera l'excès et à la mesure le vertige. »

Ainsi parla-t-elle et cela calma un peu la mélancolie qui m'envahissait quelquefois, comme une éclipse de soleil. Mon souci était de me sentir bien loin de la sainteté, jamais à la bonne place, à l'image de ces exilés qui demandent asile partout sans jamais se sentir chez eux, comme des orphelins. Je commençais à comprendre que, plutôt que de devenir sainte, il me fallait devenir femme. Hildegarde avait employé toute sa vie pour l'être.

Je devins son humble scribe, en notant ce récit qui prenait forme de jour en jour, pas à pas, et dont je me sentais partie prenante. Je transcrivais ensuite, dans une belle calligraphie, tout ce que j'avais noté sur des tablettes en cire, en prenant bien soin de ne perdre aucun mot, comme le ferait un herboriste avec la goutte de myrrhe qui suinte de l'arbre. Dans le silence du scriptorium, je polissais le parchemin blanc comme l'opale, je traçais des lignes bien droites avec ma règle et j'accompagnais la plume qui laissait sa bave d'encre. La vie d'Hildegarde se mêlait à mes heures et à mes journées.

Jusqu'à ce jour, de l'année du Seigneur mille cent soixante-dix-neuf, au matin du dix-sept du mois de septembre. Hildegarde n'était pas malade. Sa vieillesse avait transformé la matière en une texture plus fine et translucide, sans l'abolir. Elle décida que son chemin s'achevait et qu'était venu le moment de gravir la très longue échelle de lumière. Elle nous appela toutes et elle eut une parole pour chacune d'entre nous.

J'entrai en posant les tablettes de cire sur mes genoux, selon notre habitude. Elle sourit, parce que j'avais compris avec le cœur ce qu'elle désirait : que personne n'interrompe le travail qu'elle avait l'habitude de faire. Mais, tout en me servant de mon stylet, j'exultais de joie, en ressentant une manière plus élevée que jamais de toucher avec des mots, de cueillir cette vie d'Hildegarde qu'elle me laissait, en remontant jusqu'à sa source et même au-delà, dans une clairière de silence, où la parole même était capable de se retirer en ne laissant que la vie seule, dans sa palpitation première. Elle voulut que je m'approche et elle m'embrassa avec force.

Se mêlant à son odeur de chanvre souple, on sentait un parfum comme celui que dégagent les roses avant qu'elles ne s'effeuillent. Une odeur qui resta longtemps dans sa chambre et que je respire encore auprès de moi.

Elle dit ensuite : « Chaque chose arrive en son temps, comme les crocus quand c'est la saison. À Gandersheim ils ont besoin d'une femme qui sache faire l'abbesse ».

Elle voulut qu'on la porte avec son lit dans une chambre dont les fenêtres donnaient sur le jardin, qui n'avait pas du tout l'air, ce jour-là, d'être en automne, mais qui débordait comme en un mois de mai odorant. Nous nous sommes toutes réunies autour d'elle, faisant alterner le silence de la prière que nous faisions in cordibus nostris *avec cette musique qu'elle avait écrite pour nous. Personne ne pleurait parce que, au sentiment de la perte, se substituait une large respiration du cœur, comme si les anges et toute l'assemblée des étoiles étaient présents dans cette chambre. Quand les premières ombres apparurent, une lumière envahit la pièce, irradiant le moindre recoin, et deux arcs-en-ciel formèrent sur la voûte céleste une immense et splendide coupole, du nord au sud et d'est en ouest, au sommet de laquelle une croix s'agrandissait dans une roue formée de différentes couleurs et d'une infinité de croix qui dansaient comme dans un aquarium d'étoiles.*

Hildegarde nous avait quittées en entrouvrant à peine les yeux.

Je restai encore quelques mois à Eibingen, là où Hildegarde avait été enterrée. Il y avait besoin de canaliser le pèlerinage incessant de fidèles malades et d'estropiés forcenés qui affluaient de toutes les contrées pour toucher son tombeau ou pour mendier une relique, une fiole de médicament. De nuit on voyait partout trembloter les lumières des pèlerins qui, n'ayant pas trouvé de place à l'hôpital, dormaient à la belle étoile, se mêlant à l'haleine des mulets et des chevaux. Beaucoup d'entre eux pleuraient et criaient de joie, parce qu'ils se disaient guéris dans leur corps et dans leurs membres, délivrés de leurs maux de tête ou de leur languissante morosité. Certains prétendaient qu'ils avaient vu s'échapper de leur propre bouche des étincelles diaboliques comme des sortes d'allumettes et qu'ils avaient enfin trouvé la paix.

Hildegarde était plus vivante qu'auparavant, parce que l'ardeur de son énergie semblait frémir en toute chose, débordant des talus. Jusqu'à ce que tout ce trafic intrigue les prélats de Mayence, qui expédièrent tout de suite un de leurs émissaires en même temps que l'envoyé du pape. De tous côtés on réclamait que s'ouvre un procès pour la sanctification d'Hildegarde et l'envoyé de Rome était là pour rassembler tous les témoignages et mener une enquête.

Wilbert et moi avons rassemblé les manuscrits et les exemplaires déjà cousus et reliés de ses livres – dans le Liber Scivias, les miniatures qui illustraient ses visions, exécutées sous la direction d'Hildegarde, n'avaient pas encore été achevées. Il fallait aussi revoir les pages du Liber subtilitatum et de Causae et Curae, dans lesquels elle avait parlé de ces lois avec lesquelles l'univers offre à l'homme soulagements et remèdes, disant aussi que la bonne santé est une pratique de dévotion. Nous avons également remis les Vitae que nous avions écrites, Gottfried, Wilbert de Gembloux et moi. Je pris soin, toutefois, de me procurer une copie de mon travail, en passant toutes ces journées, et surtout ces nuits, à remplir des feuilles, dans une course contre le temps, en encombrant le scriptorium d'un monceau de bougies brûlées.

L'envoyé du pape voulut tout de suite m'interroger. Tandis qu'il me posait des questions, il parcourait les pages que j'avais écrites, en me demandant plusieurs fois si j'avais retranscrit fidèlement tout ce qu'Hildegarde avait dicté, si elle était compos sui tandis qu'elle parlait, ou si elle était prise par l'une de ses visions. En réalité, il écoutait et, de temps en temps, s'arrêtait sur le texte en souriant à demi, comme s'il lisait des enfantillages. Que Dieu me pardonne, mais cet homme avait des petits yeux d'oiseau, couleur jaune safran, qui ne te regardaient jamais. Et il me parlait sur un ton étrangement doucereux, en me laissant entendre que tout ce qu'elle avait eu comme visions ne pouvait pas intéresser Rome, où il n'était pas question que les saints fassent de la nécromancie de potager et n'élèvent des petites filles trop belles. Il en fallait bien, bien davantage. L'un des prélats de Mayence, qui l'accompagnait, gras comme une outre, souriait en en faisant trembler ses bajoues.

Je considérai à ce moment-là qu'était arrivé pour moi le moment de partir. Je rassemblai mes quelques affaires. Je voulus garder quelques livres d'Hildegarde et deux de ses tuniques, de ce chanvre si doux qui avait l'habitude *de me soulager. Mais le révérend père de Mayence voulut que je laisse tout ce qui avait appartenu à Hildegarde : il disait que j'allais découper ces affaires en petits morceaux pour les vendre comme reliques à Gandersheim.*

Je partis avant que les coqs ne se mettent à chanter, sans regarder en arrière, en concentrant toute mon attention sur mes pieds : plante large, doigts allongés, sans crispation. Les montagnes de Gandersheim ne me parurent pas hautaines et étincelantes, comme la première fois, mais blanchies par la première neige, presque ébauchées dans l'air.

J'inscrivis mon nom d'abbesse sur le mur, à la suite des autres, en ordre dynastique : Hathumode, Gerberge, Christine, Roswitha, Lutgarde, Windelgarde, la deuxième Gerberge, Sophie.

J'aime à penser que chacune est contenue dans l'autre. Le fait de provenir d'une autre femme ne nous laisse jamais seules, exposées comme des arêtes de poisson.

Combien de fois, au cours de mes journées, en accomplissant des tâches qui semblaient trop lourdes pour moi, j'ai lu et interprété comme un oracle les pages de la Vie d'Hildegarde. *Je lisais et je ne me sentais pas seule. Parce que lire est aussi une façon de puiser à la source.*

Je me désolais au début, parce que je ne savais pas contrer certaines habitudes de Gandersheim : les sœurs trop cléricales, trop souvent à genoux.

Je sentais monter à ces moments-là un désespoir qui m'ôtait le souffle et je me sentais froide, glacée.

Je m'essayais alors, à l'abri de ma chambre, à certains airs de danse que nous exécutions à Rupertsberg, mais je n'esquissais que de maladroites foulées de pavanes. Il y avait trop de silence à Gandersheim, trop d'obscurité, trop d'hivers où il pleuvait à verse. Et la tête toujours pleine de mauvaises pensées comme un panier d'oiseaux. Hildegarde m'enseignait, au fur et à mesure que je lisais ses pages, certains rituels de résistance, elle me disait de laisser sur le bord certaines pensées d'impuissance, comme des intrus, elle me donnait la patience de faire passer toute chose par un chas très étroit. J'acceptai sereinement de ne pas pouvoir être elle.

Ce qu'Hildegarde avait réalisé avait devancé les siècles des siècles, ce que les hommes allaient devenir peut-être dans mille ans : des êtres de lumière à l'image et à la ressemblance de Dieu, pacifiés avec la chair du monde.

En attendant, le procès instruit à Rome n'est pas encore terminé et Hildegarde n'est pas sainte, comme elle l'avait prévu. Et on ne parle plus de ses écrits dans lesquelles elle apprenait à effeuiller les subtilitates *de la Nature, comme si c'était un livre merveilleux. Sa musique aussi se tait.*

J'ai été un anneau de la chaîne vertueuse qu'elle a commencée. Maintenant il appartient à vous, mes filles, de lire Hildegarde, d'étudier la Nature dans les causae et curae, *de voir plus loin que ne porte la vue, d'apprendre d'elle des rituels de résistance, d'accueillir, de danser, de célébrer partout la viridité de la création. Découvrir que partout le plus grand talent est toujours celui de la joie.*

Voilà ce que laisse, à ses filles bien-aimées, Adélaïde, abbesse de Gandersheim, leur mère et leur sœur.

Vita Hildegardis

- I -

Je vis le jour au déclin de l'été. Ma mère Mechtilde était convaincue que l'obscurité allait venir bien vite avec la pluie, en cette année plus froide que jamais. Elle était déjà vieille.

Neuf grossesses l'avaient éreintée dans son corps et dans son âme. Lorsqu'elle parlait son visage devenait anguleux. Elle avait des mains petites et inertes, qui ne savaient pas tenir un bébé dans les bras pour le réconforter. Même ses cheveux avaient perdu toute viridité, sortes de fils de lin sans couleurs qui étaient au toucher comme le duvet des petits oiseaux de passage. J'aurais aimé caresser ces cheveux, mais elle ne me laissait pas faire. Elle disait qu'elle avait déjà assez donné. Elle éprouvait les mêmes ressentiments que peuvent nourrir certains travailleurs qui estiment qu'ils n'ont pas été payés suffisamment. Elle ne souriait jamais. D'ailleurs elle ne pleurait pas non plus, comme si elle avait avalé toutes ses larmes ou qu'elle les avait cousues sous sa peau, et ses yeux avaient bien du mal à s'ouvrir sous leurs membranes gonflées.

Mon père Hildebert de Bermersheim était une divinité tortueuse et distante.

Il possédait de nombreuses terres aux environs d'Alzen, dans le comté de Sponheim, mais sans avoir le titre de baron. Les barons le traitaient toutefois comme leur égal et enviaient ses chevaux provenant d'une race de Morée, et qui portaient une crinière cuivrée. Les cheveux de mon père étaient du même rouge que la terre de ses chevaux, et contrairement à ceux de ma mère, ils n'étaient pas encore blancs.

C'était un homme au tempérament sanguin, à l'humeur chaude et avide de vivre. Ma mère qui était, au contraire, mélancolique, au sang lent et muqueux, avait eu sur lui le même effet qu'un linge mouillé peut avoir sur la peau vive. Je les ai rarement vus ensemble. Mon père était occupé à la chasse et il parcourait ses terres en long et en large, en se faisant baiser le manteau par ses métayers. Il n'était pas orgueilleux, pourtant.

Il savait qu'au-dessus de lui se trouvaient le roi Henri, l'archevêque de Mayence et un Dieu dont il se sentait le sujet. Il ne connaissait ni le nombre ni le nom des serviteurs de sa maison.

Quant à la destinée de ses enfants, il considérait qu'il avait fait ce qu'il fallait : parmi ceux qui avaient survécu, l'un était chanoine à Mayence, un autre à Thaley, et l'une était moniale à Saint-Disibod.

Il aurait pu me trouver aussi une situation. Mais il n'aimait pas m'avoir dans ses pattes avec mon bavardage.

Peut-être parce qu'on lui avait dit que j'étais de constitution fragile et que je ne dépasserais probablement pas la *pueritia*. Mon père n'aimait pas les malades. Les blessés et les estropiés se tenaient loin de notre porte. C'est peut-être pour cela qu'il ne me regardait pas, mais on ne pouvait pas lui en tenir rigueur : quel adulte regarde les enfants ?

Un jour, pourtant, il fut pris de fièvre. Il s'agitait dans son lit comme s'il voulait attraper des mouches. Je le veillai durant ces jours-là, en lui baisant les mains et en caressant ses cheveux aux reflets cuivrés qui avaient une odeur différente de celle de ma mère ou de la nourrice. Comme si l'odeur de ce père me parlait d'un ailleurs que je ne connaissais pas, puisqu'on me gardait toujours enfermée à la maison à faire la malade, blottie au calme, à l'abri du sang.

La maladie de mon père me plaisait, parce que je savais au fond de mon cœur qu'il allait guérir. Mais en attendant il était là et il ouvrait ses yeux devenus grands et humides, bons, emplis de désirs. Et moi j'aurais aimé que le temps se couche auprès de nous, comme le faisait son chien. Je compris alors, avec le talent que peuvent avoir les enfants, que la maladie pouvait être une grande bénédiction. Il ne s'agissait pas de la maladie qui devait se tenir loin de la porte de notre maison et qui parfois se déchaînait dans ma tête. Dans le cas de mon père c'était une bonne chose, qui lui permettait de se pencher pour une fois tendrement sur ses entrailles, ceux qui lui étaient chers – c'est la première fois que je l'entendis s'enquérir de ses enfants – sa maison. À cette époque déjà je détestais tout gaspillage. La maladie enseignait au corps et à l'esprit la juste économie de la vie. Mon père guérit et se plongea à nouveau dans le monde.

Et dans mon cœur je souhaitais qu'un léger ennui de santé vienne un jour le frapper et le ramène à la maison.

Ce sont ces années-là qui furent celles du gaspillage.

- II -

Je vins au monde en 1098, quand les chrétiens crurent qu'ils devaient venger le sang de Notre Seigneur.

Cette année-là partirent des hordes de mercenaires, de clercs, d'enfants, de mendiants, de femmes habillées en hommes montées à califourchon sur des chevaux, avec les reliques des saints cousues entre les vêtements et les épées, des épieux pointus à la main. C'était Pierre l'Ermite qui les guidait, que l'on considérait déjà comme un saint, si bien que les foules le suivaient et arrachaient les poils de l'âne qu'il montait pour en faire des reliques. Ils furent suivis par les nobles et les chevaliers, avec des croix tissées sur la toile de leurs manteaux et des épées étincelantes. Ils marchaient vers Jérusalem.

À l'intérieur de la ceinture des murailles, la ville flamboyait grâce à ses coupoles aux émaux colorés. C'est là que se trouvait la Jérusalem d'or, de cuivre et de lumière, le rocher à partir duquel Dieu avait créé la terre, planté les arbres de l'Éden, où Abraham avait préparé le sacrifice d'Isaac, où Salomon avait érigé le Temple, où le mauvais germe d'Adam avait été purifié goutte à goutte par le sang du Christ.

Hors les murs les croisés avaient prié et pleuré. Les coupoles d'or et d'émail lançaient des éclairs. Ils entrèrent, pour venger les offenses, et le massacre fut sans limites. Tous les hommes furent passés au fil de l'épée, les femmes violées et puis jetées dans le creux des ruelles, avec leurs corps découpés en morceaux, les enfants noyés dans des citernes. Les chevaliers avançaient dans le Temple et sous le portique de Salomon avec du sang jusqu'aux genoux. Puis ils se lavèrent et se purifièrent de toute souillure en s'agenouillant pour embrasser le sépulcre du Christ.

Dans nos contrées, c'étaient les purs, les parfaits cathares, qui répandaient la mauvaise nouvelle des Croisés en Terre Sainte. Eux adoraient un Christ qu'ils savaient venu d'Orient, immaculé comme l'agneau, et qui, face au mal, ne combattait pas, mais se sacrifiait en renonçant.

Les Cathares renonçaient à la terre qu'ils foulaient, ils se nourrissaient de fruits tombés et de lait d'amande, ils aimaient les vêtements clairs, les maisons dépouillées, les visages faits de perle lorsqu'ils jeûnaient, les époux sans rapports charnels. Ils ne voulaient pas racheter la matière, parce que leur Christ ne s'était jamais incarné, n'avait pas chaussé de sandales, n'avait pas rompu le pain ni mangé la chair de l'agneau, n'avait pas bu de vin, n'avait pas crié sur la croix.

Tout cela se passait tandis que je naissais.

Où se trouvait le Seigneur notre Dieu en cette année où je fus jetée dans le monde, petite fille toute fripée comme une prune en décomposition, un grumeau sec qu'on recrache, inutile comme une jarre percée ?

À l'Orient s'élevaient les prières des Croisés avec leurs épées, à l'Occident les faibles cathares et leurs prières pures, à la chaux : deux forces qui s'opposaient pour le même gâchis, le même orgueil humain débordant.

En ces années de cohue Dieu m'appela au monde, pour que je sois comme la dixième drachme de la parabole.

Une femme perd l'une de ses dix drachmes et elle la cherche avec sa lampe à huile dans toute la maison jusqu'à ce qu'elle la trouve. Puis elle appelle ses amies et ses voisines pour se réjouir avec elles.

Le nombre dix est celui qui rétablit l'unité, c'est la pièce manquante qui joint les bords pour montrer que tout est Un. Une est l'eau, la terre, la flamme, la respiration du monde, la semence. Un est le sang. Dix est le sceau qui contient tout, c'est le bon sens qui ne permet pas le gaspillage.

J'étais la dixième fille comme la dixième drachme, sortie du ventre flétri de ma mère.

- III -

Comme tout le monde j'ai des souvenirs qui conservent la légèreté de l'enfance : des grelots, des clochettes d'argent, des pépites d'or, de petits brins de lumière. Comme je devais rester à la maison, je me représentais le monde extérieur comme plongé dans une poussière de danse qui n'était pas blanche, mais teintée comme le verre dépoli à l'émeri : amarante, émeraude, pierre d'azur, or. Il y avait en même temps les fleurs que l'on me donnait, ces fleurs teintées que l'on m'apportait de l'extérieur comme gage, chaque fois colorées d'un iris différent, comme si la terre elle aussi s'imprégnait de sève, des poussières fondues avec lesquelles le fresquiste avait peint les pièces où nous vivions. Je pensais alors qu'il existe dans le monde une loi qui s'impose en parfumant, en colorant, en parlant la nuit avec un gosier de chouette et, le jour, avec les grelots des oiseaux et la langue des chiens qui savent toujours dire ce qu'ils pensent.

Une nuit pourtant – j'avais peut-être trois ans ou à peine plus – je fus envahie par une effusion de lumière qui ne venait pas de l'extérieur de moi, comme un soleil ou une lampe, mais qui s'ouvrait et s'élargissait devant mes yeux. Je réveillai la nourrice qui dormait à côté de moi, mais elle ne voyait rien et elle me secouait comme si je m'étais perdue dans un mauvais rêve. Je fus envahie par la même terreur – je ne le compris que bien plus tard en lisant les Écritures – qui saisit les prophètes quand Dieu déverse sur eux d'un coup leur destinée. Parce que cette lumière qui m'avait sortie de mon sommeil m'appelait, elle connaissait mon nom, elle savait déjà ce que j'allais devoir être. Les prophètes de Dieu ne veulent jamais écouter au début. Ils ne veulent pas être la Voix qui parle à des hommes à la tête toujours trop dure. Les prophètes voudraient rester chez eux, au calme, et au contraire Dieu les vide de leur vie, comme il le ferait avec une poche. Jonas se révolte et Dieu le fait tomber dans des eaux agitées où il se fait engloutir par une baleine qui le rejette ensuite comme un crachat. Amos dit : moi, je ne suis pas prophète. Et Isaïe hurle : jusqu'à quand Seigneur ?

Cette lumière n'était pas comme celle de mes petits miroirs, ou des vitres colorées. Elle m'appelait de loin par mon nom, et c'était presque un tourbillon de vent. Je sentis, cette première fois, que mon innocence était perdue.

J'avais été violée. Je ne pouvais plus être l'enfant insouciante qui promenait dans les pièces une mouche en or attachée par un fil de soie. Je savais que la nuit, cela se produirait encore. Et c'est bien ce qui se passa : il y avait la lumière et la voix. J'aidais la nourrice à préparer le lit en tirant bien le drap de lin pour qu'il n'y ait ni fronces ni plis, et je faisais en sorte que cette opération se fasse lentement, puis je l'obligeais à veiller pour me raconter des histoires. Mais quand je la sentais s'écrouler de fatigue et lâcher prise tandis que sa respiration l'emmenait bien loin dans les rêves, je me sentais seule et projetée dans le monde, comme à la naissance.

Et je me forçais, je me persuadais moi-même qu'il ne se passerait rien. De cette manière je me procurais de féroces maux de tête qui m'accablaient sans me laisser de répit, comme les cigales du mois d'août qui utilisent des centaines de marteaux de fer et qui semblent ne jamais avoir soif.

Il advint que, l'un des rares jours où l'air était doux et que ma mère avait envie de sortir, on me permit de faire une courte promenade. Je tenais la nourrice par la main et je m'enivrais devant la couleur vive d'un pré vert où des vaches étaient en train de paître. Tout le ciel s'était mis au clair, parce que le vent avait éloigné les nuages. Je sentis la Lumière m'envahir, comme quand les femmes sentent monter le lait. Mais cette fois-là, comme j'étais heureuse, je ne m'y opposai pas, je ne fis pas obstacle. La main de la nourrice était chaude et forte, le créé plein de viridité et les animaux me rappelaient l'innocence qu'il y avait eu au début de la création. Tout cela ne dura peut-être qu'un instant. Mais quand le monde reprit ses contours et ses couleurs, je désignai quelque chose du doigt à la nourrice : regarde nourrice, le beau petit veau, tout blanc avec des taches marron sur le museau, sur le dos et sur les pattes. La nourrice écarquilla les yeux, car elle ne voyait qu'une énorme vache sur le point de vêler, qui broutait l'herbe. Peu après naquit un petit veau tel que je l'avais vu dans le ventre de sa mère, avec des taches à l'endroit exact que j'avais décrit.

La nouvelle se répandit partout : que je voyais. Que le voile du monde se soulevait pour moi comme un rideau et que je regardais ce qu'il y avait derrière. Parfois une servante venait me chercher et m'emmenait dans une pièce où elle disait avoir perdu un peigne en os, une pièce de monnaie. Il y en avait qui me demandaient de choisir parmi des feuilles où des phrases avaient été notées, comme pour faire des oracles. Certains se mirent même à arriver de loin. On me traitait tout à coup comme une vieille femme. Mais moi j'étais une enfant, avec une petite couverture d'enfance dans laquelle je me couchais dans un coin pour pleurer, histoire de ne pas me dessécher.

Jusqu'à ce que tout ce trafic à l'intérieur de la maison devienne à l'image des insectes qui vous harcèlent. Ce n'était plus un secret à cacher parmi les servantes, au milieu de l'agitation de la cuisine. Des bruits parvinrent à ma mère disant que j'étais possédée. On lui dit que le Malin, l'ancien serpent qui aiguise volontiers sa langue contre les femmes, se sert aussi de petites filles sans malice. Ou alors que ma maladie me faisait utiliser de manière tordue mon esprit, qui singe déjà la nature, en représentant des miracles et des illusions. Tout cela faisait trop. Ma mère, qui portait sur les événements de sa vie le même regard qu'elle aurait eu devant une terne tapisserie, ne fit rien. Elle fit appeler mon père, qui était, selon son habitude, loin comme un homme de vent. Il vint dans un grand bruit de piaffements de chevaux, de portes qui claquent et de voix qui s'élèvent haut et fort.

Le lendemain il me fit venir, me regardant pour la première fois dans les yeux. Il me posa des questions et je devinai dans son regard quelle allait être sa volonté : il allait m'éloigner de la maison. Je réalisai en un instant tout ce que j'allais perdre : les draps bien tirés du lit du soir, qui constituaient tout mon bien, à côté de la joue de la nourrice, la paix du soir au coin du feu, le museau des chiens, les bavardages des servantes, les cheveux de ma mère tendres comme les plumes des oiseaux de passage. Je tombai à terre. Quelque chose se brisa en moi ; c'est ce qui arrive quand on tire trop fort sur la corde du sommeil et qu'on se lève brusquement. Je tombai malade. Des cigales lancinantes m'épuisaient, comme si ma tête avait été leur volière. Il n'y avait pas un endroit de mon corps qui ne me procure des morsures.

Puis je compris que tout était déjà décidé. Et dans mon cœur je me rendis à la Lumière. Je commençai à m'exercer peu à peu et je me glissai en elle comme on se laisse vaincre par le sommeil. Ce n'était pas une lumière colorée, mais une blancheur qui pouvait s'enfoncer jusqu'à l'essence, quand on ne ressent plus le besoin de la couleur.

En même temps on se prend d'affection pour le silence, qui produit sa propre musique, comme une ondulation d'eau qui conduit *naturaliter* à l'embouchure d'un autre destin. Ainsi je guéris.

Ils décidèrent alors que j'étais prête à partir.

- IV -

Je fus oblate au monastère de Saint-Disibod.

Consacrer un enfant signifiait le donner pour toujours.

Il y en avait qui faisaient cela pour accomplir un vœu, d'autres pour essayer de contenir tout ce qui débordait de la maison.

On le sait, il y a trop d'enfants, même si la mort s'ingénie à éviter les gaspillages.

Dans certaines familles de haut lignage comme l'était la mienne, c'était une manière recherchée et de bon goût de marier les filles avec Notre Seigneur. Mon père donnait la dîme au diocèse de Mayence. Moi, qui étais la dixième fille, je fus la taxe supplémentaire.

J'ai pardonné à ce père de vent, qui détermina inconsciemment mon destin.

Peut-être en a-t-il été peiné lui aussi, avec ma mère. Le mystère du sang appelle, au-delà des intentions, comme le fait la soif. J'ai pourtant terriblement souffert ces premières nuits, dans un grabat petit et étroit qui ressemblait à une niche pour les chiens, avec des draps de chanvre empesés et anguleux. J'appelais ma maman comme on invoque l'eau et, ne recevant pas de réponse, je me tenais immobile au bout du temps qui ne passait jamais. Je pensais alors qu'il fallait que s'accomplisse pour moi une nouvelle naissance sans mère.

Mais ce n'était pas une bonne chose. C'est pour cela que je déteste les consécrations forcées et jamais je n'en ai accepté depuis que je suis abbesse. Je n'aime pas ces pressions féroces au sein des familles.

Même pour les enfants, le rite était celui des anachorètes, qui doivent savoir mourir au monde.

On me coupa les cheveux que je portais très longs, ils tombèrent autour de moi comme la toison ébouriffée des brebis. Si j'avais bêlé, le contexte de la scène aurait été approprié. Cela me fit sourire.

Le vicaire de l'évêque, qui tenait dans sa main des sortes de cisailles rouillées, me fit un brusque signe des yeux et, sans façons, me conduisit au milieu de l'autel, à plat ventre par terre, sous un drap noir. Je ne sais pas combien de temps je suis restée là dessous, tandis qu'autour de moi on récitait des oraisons jaculatoires.

Dans ce terrible espace, dans ce terrible temps qui ne passait jamais, je n'étais rien : un rien dessus et dessous, un rien dedans.

Puis on ferma derrière moi une porte qui n'allait plus jamais s'ouvrir. J'avais huit ans.

On donne souvent en exemple des vies de saints qui dès leur plus jeune âge connaissent la route et la parcourent en allant tout droit. Moi j'étais une petite fille dont le fragile envol avait été entravé par une chaîne cruelle.

C'est pour cela que le Seigneur m'accorde de vivre encore à quatre-vingt-deux ans. J'ai besoin de beaucoup de temps pour comprendre et pour me comprendre. L'amour n'arrive jamais tout de suite.

Il faut toujours une très longue effraction du cœur.

- V -

Disibodenberg était une grosse masse de pierre couchée sur une colline, justement à l'endroit où, plus de quatre cents ans plus tôt, saint Disibod, venant de la terre d'Irlande, s'était installé dans une caverne, avait prêché comme un saint et était mort. Au-dessus de ses cendres les moines de saint Benoît avaient bâti leurs cellules, puis édifié des murs de remparts ; les tours jumelles de l'église qui regardaient vers l'orient et les autres édifices la faisaient ressembler à une ville, ou, plutôt, à une ruche compacte et ordonnée. Les moines, en grand silence pendant leurs offices, se déplaçaient emmitouflés dans les vêtements noirs de l'Ordre, avec le capuchon relevé qui projetait toujours une ombre sur leur visage, les mains sous le scapulaire. Ils avaient toujours quelque chose à faire, comme les abeilles. Ils priaient et chantaient à l'unisson, en accord avec la roue du soleil. Ils étaient tout à la fois des abeilles et la communion des saints. Lorsque l'un d'eux travaillait pour son propre compte, le capuchon rabaissé, il retrouvait la forme de son corps : il y avait celui au regard intellectuel subtil, celui qui avait le corps ample et élastique, celui dont le corps sec avait la couleur des insectes morts, le mou, le sanguin, celui qui avait les dents effilées comme celles d'un chien. Il y avait celui qui faisait office d'ingénieur en surveillant les chantiers des nouvelles constructions, l'économe et le travailleur agricole, l'herboriste. Et il y avait ces hommes merveilleux qui, assis chacun à sa table, étaient antiquaires, libraires, hommes d'étude et rubricateurs. On me montra le fruit de leur travail : des volumes de peau étirée et blanchie où se trouvaient écrites et peintes des choses admirables qui se présentaient comme des énigmes, au regard des gens simples et analphabètes tels que moi. Mais ils me semblaient être comme les fleurs et les arbres du jardin d'Éden, dont les vrilles et les corymbes et les fruits ronds prenaient la forme de paroles.

Un petit livre d'Or enluminé avec toutes les couleurs de l'arc-en-ciel pouvait tenir dans la paume d'une main. J'ai longtemps rêvé de le posséder. Mais la première règle était celle de ne rien avoir à soi, parce que *licitum non est* de s'attacher aux choses de ce monde. En réalité, à l'abri de tous les regards, je me constituais un petit trésor avec des objets que j'aimais : des petits bouts de verre dépolis, des petites pierres polies par la rivière, des fleurs émaciées et desséchées, des morceaux auxquels j'avais vaguement donné l'apparence de poupées et à qui je donnais l'ordre de sortir des murs et de me raconter tout ce qu'elles avaient vu.

Cette liberté que je me permettais ne me semblait pas être un péché mortel car, du peu qu'il me semblait comprendre, je voyais que les moines eux-mêmes s'étaient lassés de respecter la Règle. Il y avait les gloutons, les ivrognes, les paresseux, les frileux. Il y avait, même en ce saint lieu, les lions et les loups et peut-être certains qui commettaient des péchés que mon ingénuité ne pouvait même pas s'imaginer. Mais ceux qui semblaient ne posséder ni péché véniel ni déviation de la volonté et qui marchaient en suivant la Règle comme si elle était un tapis qui se déroulait sous leurs propres pieds sans jamais dévier à angle droit, m'inquiétaient aussi. Ceux-là se prêtaient aux mortifications, au jeûne et au silence avec la même volupté secrète qui était celle du moine de la cuisine lorsqu'il avalait, avant l'heure, une bouchée de viande bien grasse qu'il avait détachée de la broche.

Car il existe aussi une luxure de la sainteté, tout comme il y a une luxure de l'humilité, qui naît de la même envie que celle du Serpent : celle de s'approcher trop près de la Lumière.

Le Véritable Amour devait être celui qui était capable de rendre compatissant devant les guenilles, les plaies, les eaux rompues, les angles, les vices, les fêlures de l'âme.

C'est ce que je pensais alors, tandis que j'errais dans l'abbaye, dans les lieux permis, désertés par les autres, où un enfant traînassait pendant le temps mort comme un pigeon sur l'esplanade.

À côté des *balnea* il y avait l'hôpital – quelques chambres et une galerie orientée à l'est où étaient souvent étendus des hommes venant du village, défaits comme des épluchures dans une assiette.

Je sentais presque monter de ces hommes les lamentations devant toutes choses et le mécontentement d'être au monde.

Et je pensais que le Véritable Amour ne reculerait pas devant cette souffrance, devant ces corps qui s'en allaient, devant l'impuissance de l'âme qui se dérobe et dont la respiration devient rauque.

Devant cet Amour je pouvais m'incliner.

J'étais la seule oblate du monastère. Mes allées et venues, en réalité, ne concernaient pas les moines, elles ne regardaient qu'Elle.

- VI -

Jutta von Sponheim avait vingt-deux ans quand j'entrai à Saint-Disibod.

Elle était belle, bien qu'elle s'obstinât à l'ignorer. Quand elle parlait, en remuant délicatement ses lèvres qui ressortaient avec une couleur d'opale, elle avait l'air d'une rose. Elle était douce en toute chose. Une rose sans les épines. Elle appartenait à ce genre de femmes sanguines dont le sang doux rend l'homme heureux, avec un solide utérus qui puisse servir de berceau et la disposition à faire le bonheur d'un homme.

De fait, son père, le comte Stéphane de Sponheim, l'avait destinée au mariage.

Mais elle, qui avait été élevée par des moniales, n'était pas tentée par le monde. Le Christ lui suffisait, lui qu'elle attendait toujours en veillant, comme le font les vierges sages, à recharger l'huile de sa lampe.

Quand elle ne priait pas ou qu'elle ne méditait pas, elle regardait par l'unique fenêtre de sa cellule un morceau de ciel qui semblait s'être attaché à ses yeux, qui se mettaient toujours au clair.

Même sa rigueur était douce. Son père avait fait construire pour elle, adossée à l'église, une cellule de clôture que certains appelaient *sepulchrum* et d'autres *ergastulum*.

Cette cellule avait trois fenêtres : l'une communiquait avec l'église, l'autre avec un parloir à la grille duquel tout le monde pouvait recevoir une parole ou une bénédiction. L'autre était son observatoire très spécial sur le ciel. Pendant des années je n'ai jamais vu Jutta sortir de cet endroit qui paraissait même aux moines comme un sépulcre muré.

Certaines cages mettent l'esprit en désordre. D'autres, au contraire, œuvrent et agissent pour nous libérer. Elles font disparaître la matière, la chaux et les briques, elles déblayent le champ visuel.

Si Jutta avait rendu un homme heureux en satisfaisant sa nature chaude et humide, elle aurait manqué son propre destin. Car la nature nous jette toujours au hasard, tout comme une femme ne peut pas prévoir à quel moment elle va rompre les eaux.

Mais, son destin, Jutta le réclamait, elle le traquait comme quelqu'un qui a trouvé la piste exacte.

Depuis cet instant Jutta ne s'était plus séparée de son Bien, de ce centre qui avait trouvé demeure dans sa cellule. Sa vraie joie consistait à se taire, à céder à la raison, à regarder le ciel en le collant à ses yeux, à écouter les problèmes des gens – les malheureux qui déversaient sur elle leurs misères et les méfaits du monde extérieur.

Mais même dans ce cas elle les écoutait, quelquefois pendant des heures, en prenant la pose un peu effrayée de certains braves chiens qui essayent de se faire le plus petits possible pour ne faire plus qu'un avec la volonté de leur maître. Moins elle s'efforçait de chercher et plus elle trouvait l'objet puissant et magique. Plus elle faisait le vide dans son esprit, plus lui montaient aux lèvres les paroles qui, telles qu'un oracle, se révélaient pour le malheureux à qui c'était le tour exactement les mots dont il avait besoin, presque comme le chiffre exact du destin qui finalement tombait juste.

Toute la force de Jutta venait de ce qu'elle cherchait à être le moins possible, dans un non-être splendide et rayonnant.

Sa réputation avait attiré au couvent une série de femmes qui choisissaient de la même manière une *via negationis*. Beaucoup d'entre elles avaient flairé la juste piste du destin.

D'autres, filles cadettes et dépareillées provenant de grandes familles, déjà destinées à l'Église, considéraient le nom et la protection du comte de Sponheim. D'autres encore pensaient qu'il ne valait pas la peine de vivre comme des femmes : se voir affublée d'un homme qu'on n'a pas choisi, lui obéir et chercher à lui plaire, engendrer des enfants l'un derrière l'autre en cherchant dans son corps – sort commun aux femmes riches comme aux femmes pauvres – une force de chienne. Et se dessécher bien vite.

Combien il valait mieux préférer, au monde hurlant et lézardé des femmes de ce siècle, le refuge paisible du cloître, la méditation et l'étude, le temps qui caresse le corps comme le fait la nature, en suivant un rythme, sans déchirures dans le cœur.

Peu à peu vinrent s'ajouter quinze moniales, à la tête desquelles on plaça une vieille abbesse pour les diriger.

Quand je fis mon entrée à Disibodenberg, les religieuses avaient un quartier à elles, pas complètement séparé de l'endroit réservé aux hommes, mais bien distinct toutefois, avec leur propre puits, leur four, leur cuisine et leur hôpital. Il y avait même une petite cellule qui m'était chère et qui devint une bibliothèque.

Ce fut la mère abbesse qui me confia à Jutta, parce qu'elle s'estimait trop âgée et trop fatiguée pour s'occuper d'une petite fille. Jutta, avec sa manière docile de satisfaire aux soubresauts du destin, accepta.

Ce fut ainsi que ce sépulcre m'apporta, sans le savoir, le trésor que je désirais si fort.

Et j'eus cette joie ineffable d'être une fille avec sa mère.

Une joie que les mots ne peuvent pas exprimer, mais seulement une voix que l'on met en musique.

Car quand je l'appelais – mère – des tas de sons du paradis venaient à ma rencontre et composaient dans ma tête une véritable mélodie.

Jutta ne m'embrassait jamais, parce que personne ne lui avait appris à s'exprimer familièrement avec son corps.

Mais elle était toujours là, pour moi. Et c'est ce que je voulais.

La nuit je l'entendais respirer, dans le lit à côté du mien, et j'accordais ma respiration à la sienne, comme je le faisais quand nous priions ensemble. Et si le tonnerre me réveillait dans le noir et que je l'appelle, elle me répondait immédiatement. Comme si, en plus de dormir, elle veillait continuellement en appréhendant, comme le font toutes les mères, la moindre plainte qui pourrait s'échapper de ma bouche.

En réalité, j'avais deux mamans. Car Jutta, dès le commencement, avait été secondée par une servante que sa famille lui avait imposée, pour qu'elle lui évite tout inconfort et qu'elle ne lui fasse pas oublier qu'elle était née riche. Cette servante était en réalité une lointaine parente, d'une branche de la famille qui n'avait plus beaucoup de moyens. Elle s'appelait Berthe.

Dieu l'avait créée exactement à l'opposé de Jutta. Et pour que le contraste reflète la perfection de ces deux femmes. Elle appartenait à ce genre de femmes dont la nature est flegmatique, avec de grosses veines, un sang sain mais avec un peu de rage qui colore le visage de blanc et lui donne presque des traits virils, un regard droit et quelques poils sous le menton.

Pour moi Berthe était comme la terre, celle que l'on foule aux pieds, qui est substantielle et qui a le pouvoir de faire grandir, de fleurir et de nourrir. Berthe, lorsque l'hiver nous ralentissait le sang et que je rentrais complètement transie du jardin, me frottait les mains avec les siennes, qu'elle avait toujours chaudes et douces comme des miches de pain.

Elle me délivrait de toutes ces sortes d'arêtes qui font geler le corps, comme elles font geler l'eau.

Alors je devenais lisse, tendre.

J'étais enfin heureuse, parce que le Seigneur m'avait donné deux mamans.

Car il n'y a pas que la mère qui vous a engendré.

Est mère toute femme qui nous met au monde, en veillant à ce que notre pied devienne une empreinte terrestre, que notre corps prenne forme, en surveillant l'exercice juste et sûr de notre esprit et en priant pour que notre respiration se transforme en destin.

- VII -

Mon âge et ma condition d'entretenue, c'est-à-dire de petite fille de noble naissance, m'accordaient quelques privilèges.

Les privilèges au couvent consistaient en des dérogations à la Règle de saint Benoît. En fait tout le monde se procurait des privilèges, à des degrés divers. Le privilège était considéré comme une condition normale, comme avoir le nez au milieu de la figure. On devait faire, par exemple, six heures de travail manuel. Pour ne pas oublier que le Christ était charpentier et que ses disciples avaient eu des mains rugueuses, noueuses et crevassées par l'effort comme des racines. De plus, le travail décourageait la paresse et la trop grande considération de soi, en des moments où l'antique serpent pouvait suggérer d'étranges labyrinthes à l'imagination. En réalité, chacun s'il le pouvait esquivait la fatigue de ces six heures, ne serait-ce qu'un peu. La limite entre le devoir et le privilège était bien fragile.

Cette limite m'apparaissait d'ailleurs toujours assez peu claire.

Tout comme l'herboriste m'expliquait que, dans la nature, la différence est mince entre le poison et le remède, qui dans la langue des Grecs s'appellent tous deux *pharmacon*.

Personne ne prétendait que je devais me lever durant la nuit pour l'office des Matines, par lequel les moines veillaient sur tous les hommes enfoncés dans leur sommeil. Les moines devaient veiller pour ne pas faire comme quand le Christ avait eu besoin de ses disciples à la veille de sa Passion *et invenit eos dormientes.*

Pourtant, quand la sœur passait de cellule en cellule en récitant le *Benedicamus Domine* et que la voix de chaque sœur, se levant de son grabat, lui répondait *Deo gratias,* je me mettais tout de suite debout.

On me mettait dans un petit coin, enveloppée dans une couverture. Je me rendormais alors, bercée par le chant feutré de ces vierges sages, qui à la lueur de leurs lampes à huile, attendaient ce Christ qui allait les sauver de toute *ora obscura*. C'était un merveilleux ronronnement, un chant de tourterelles ou la musique même que fait la pluie quand elle chante avec la voix angélique de l'eau des sources du ciel. Puis Jutta me soulevait en me prenant dans ses bras et me renfilait dans mon lit, en tirant bien les couvertures et en les rebordant, comme le faisait autrefois la nourrice.

Une autre permission qu'on m'accordait était d'accompagner Berthe, qui avait toujours quelque chose à faire : passer chercher le repas à la cuisine, cueillir un bouquet de verveine ou d'absinthe pour soigner le mal de dents, passer au cellier chercher des bougies, rendre à la bibliothèque un livre que Jutta avait lu, enveloppé dans des bandelettes de lin comme un enfant. Berthe en tout cas sortait de sa cellule, parce qu'elle ne trouvait rien de mal dans sa curiosité naturelle et parce qu'elle aimait les gens. Hommes ou femmes quels qu'ils soient. Son allure masculine brusque et expéditive décourageait toute flatterie féminine.

Souvent les moines la faisaient venir pour des tâches qui demandaient à avoir le cœur bien accroché : assister le chirurgien à l'hôpital quand il amputait un membre avec une scie et quand il fouillait à l'intérieur du corps pour extirper une tumeur cancéreuse, ou simplement pour laver et habiller un frère mort dans la grâce de Dieu. De la même manière les moniales faisaient appel à elle quand leur trop grande sensibilité les empêchait d'assister à certains phénomènes de la nature : une chauve-souris affolée qui tournoyait sous la voûte, une couleuvre sous un lit, la chatte qui s'était délivrée en déposant, derrière des sacs de farine, une poche translucide pleine de petites larves.

Pour Berthe, les catégories de la laideur, de la répulsion, du dégoût et de la corruption n'existaient pas.

Et, quand je l'accompagnais, elle attendait de moi la même droiture : regard ferme, viscères solides, respiration bien d'aplomb. Elle sortait rarement en dehors du couvent, pour aller au village.

Les quelques incursions qu'elle faisait dans le monde des hommes faisaient ressortir sa différence.

Une promenade ne devait pas dépasser la colline de Saint-Disibod.

Ce monde aux limites aussi précises que celui des couleurs émaillées des cartes géographiques lui suffisait.

Et moi je ne souhaitais rien d'autre.

De jour, le tour de l'horizon était une limite minérale avec les montagnes à distance comme des géants repliés sur leurs coudes, et de nuit toute matière se dissolvait dans l'éther. Et on avait l'impression d'être au centre d'un immense silence.

Jusqu'à un certain âge on me permit de circuler seule comme les chats qui étaient nombreux et cajolés à l'abbaye – parce qu'ils chassaient les souris qui, bien plus que les hommes, s'intéressaient aux livres et aux parchemins. Ces chats en particulier étaient gris et avaient des mouvements feutrés et discrets. Ils ne heurtaient pas les objets, ils ne faisaient pas de bruit, on ne les reconnaissait quelquefois que par une petite lueur émanant de leurs yeux. C'était la même chose pour moi, qui était revêtue d'un habit noir de l'ordre ayant appartenu à une sœur un peu naine. Et avec le temps cet habit s'était feutré et était devenu gris à la manière de cette livrée que portaient justement les chats avec la somptuosité élastique avec laquelle les animaux se revêtent de leur peau.

Mon habit ne me plaisait pas, ne serait-ce que par sa couleur qui faisait penser à la nature des fossiles ou des fantômes, de la cendre qui réduit toute beauté et toute forme à l'aspect indistinct du rien qui n'a pas de nom.

Chaque fois que je m'encapuchonnais dans mon habit j'arrêtais de respirer.

Et je rêvais que, le jour où je deviendrais abbesse, je ferais tisser des habits blancs brodés d'or sur les bords, ou alors vert prune ou vert-de-gris ou vert émaillé, vert paon, du vert des clématites ou encore du vert très tendre qui apparaît après la dernière neige à la sortie de l'hiver.

Quand quelqu'un venait du village, pour apporter un chargement de bière ou payer la gabelle, et qu'il amenait un enfant avec lui, je regardais en cachette ces pauvres guenilles, mais teintées de carmin ou de jaune. Ce n'était que là que je comprenais que le couvent était en quelque sorte coupé de la vie, comme la saison de mon enfance engoncée dans le gris. Cette distance ne me paraissait pas une bonne chose : la nature ne met jamais de séparations. C'est pour cela que ce qui la concerne est toujours juste.

- VIII -

À l'école de Berthe j'apprenais que la vie pouvait s'édifier sur le nécessaire. Il y avait peu de chose à inventer, car tout y était déjà. Elle me montrait ce qu'elle recueillait dans la paume de sa main : des panaches verts, des bourgeons prêts à éclore, des corolles ouvertes ou concaves comme des clochettes trempées de miel, ou de lymphes qui parfois imprégnaient la main, des branches et des feuilles couvertes de résine sèche, des champignons et des mousses au parfum d'ombre et de puits. Chacune de ces formes de la nature remplissait une fonction. L'ortie, par exemple, qui irritait les mains sans gants, réduite en bouillie et appliquée sur les jambes, quand des veines s'y étaient rompues, soignait le mal. Un élixir de prunelles sauvages bouillies dans du vin avec un peu de miel et de la cervelle finissait par apaiser les crampes de la paralysie. Une soupe de menthe remettait l'estomac du glouton à l'endroit, tandis que le fenugrec, bien bouilli, luttait contre le manque d'appétit.

Pour Berthe la nature verdissait, fructifiait et embaumait pour la gloire de Dieu.

Telle était sa prière : se rendre compte que l'existence même de la Nature est un luxe surabondant, comme une traîne derrière un vêtement.

Mais comme elle ne parvenait pas à concevoir la beauté sans son aspect utilitaire, elle se servait de toute cette abondance. Ses remèdes étaient extraordinairement simples.

Le père abbé s'était blessé à la jambe et sa plaie ne voulait pas cicatriser, malgré l'emplâtre de poussières nobles de jaspes et d'émeraudes qu'un chirurgien venu de loin lui avait appliqué. Berthe, elle, l'avait guéri avec des feuilles d'achillée bouillies appliquées avec des bandelettes de chanvre. C'était là l'une des premières herbes qu'elle m'avait appris à distinguer parmi les autres, avec sa corolle en ombrelle et sa fleur couleur vieil or. Depuis ce jour le père abbé ne manquait pas une occasion de faire l'éloge de Berthe, qui ne recherchait pas les honneurs mais ne dédaignait pas de petits avantages, comme le présent de quelque carpe les jours maigres et la permission de fourrer son nez dans le jardin officinal de l'herboristerie.

En retour, pour remercier l'abbé, Berthe lui préparait une liqueur de sauge contre la mauvaise haleine.

Ce n'était pas bien clair d'où lui venait cette science.

Par certains côtés, cela lui venait d'une inclination naturelle, une réminiscence qu'elle avait endossée comme la chemise du baptême. Elle tirait nombre de ses connaissances de l'expérience, d'un ensemble de voix et de choses. Je m'en rendais compte quand elle parlait avec les servantes des autres moniales, qui avaient accompagné leurs maîtresses. Leur manière de s'exprimer était drue, directe, sans allusions. C'était une manière de parler qui traduisait directement la vie. Échanger et partager des expériences était presque un plaisir, en plus d'être une nécessité. Se tenir loin des ennuis était toujours une entreprise collective.

Quelquefois pourtant, quand Berthe grattait la terre avec ses ongles crochus pour arracher des racines dures comme des cornes de faîtage, en récitant des paroles obscures et tranchantes, ou quand elle errait les nuits de pleine lune avec un faucillon d'argent et qu'elle allumait à l'écart un feu de sarments dans lequel elle plaçait une bassine en cuivre contenant une boue mousseuse qui irritait les narines, Berthe ressemblait presque alors à une vieille sorcière, une mégère, une très vieille femme sans âge. Mais dès qu'ensuite elle m'agrippait avec sa main chaude comme une miche, dont les ongles s'étaient rétractés comme chez une chatte paisible, elle redevenait Berthe.

- IX -

Jutta, après avoir passé une première saison à m'ensauvager avec Berthe, se décida à commencer mon enseignement.

J'étais arrivée au couvent, complètement ignorante, *sine littera*. Les précepteurs de mes frères avaient déjà été congédiés. Quand je naquis, contre toute prévision raisonnable, du flanc fatigué de ma mère, mon père ne s'empressa pas de me doter d'un maître. Ma mère se mit à écrire pour moi quelques signes avec un stylet sur une vieille tablette cirée et elle guidait ma main pour mettre en ligne des barres et des panaches courbés. Puis un jour le stylet lui tomba des mains et elle devint toute pâle. On la mit au lit et elle resta malade pendant des mois, sans avoir de mal précis si ce n'est un dégoût pour cette vie qu'elle menait depuis toutes ces années. Elle oublia complètement mon apprentissage.

Jutta, au contraire, s'occupa de moi avec toute l'ardeur de la charité. Et en même temps, avec cette disposition qu'ont les bons enseignants à concevoir un itinéraire du savoir comme un parcours pour l'âme qui doit profiter autant à celui qui apprend qu'à celui qui enseigne. Elle commença par m'apprendre l'alphabet et l'arithmétique pour arriver, avec les mots et avec les nombres, à m'ouvrir les portes de la pure contemplation intellectuelle.

Le savoir de Jutta m'amenait à sillonner des terres différentes de celles de Berthe.

À ses yeux tout portait le sceau de la gratuité absolue.

Les abeilles, les fourmis et les oiseaux construisaient des œuvres admirables dans leurs proportions mathématiques et dans l'harmonie de leurs formes, sans en posséder la connaissance.

Elle considérait que la conquête du savoir devait conduire l'homme, étape après étape, à reconnaître la loi souveraine qui gouverne le nombre et l'harmonie, sans avoir à construire des ruches, à creuser la terre, ou à pourvoir à la nourriture et à rechercher le profit.

Jutta ne se considérait pas comme une savante, au contraire, elle croyait visiblement au dicton évangélique disant que le royaume des cieux appartient aux ignorants. Quelquefois elle demandait pardon si, en s'enflammant pour un sujet, elle avait fait preuve d'orgueil intellectuel. Mais elle savait pourtant que le danger pouvait être également de faire comme nos frères hérétiques cathares, pour qui l'ignorance était l'un des fondements de la sainteté. Elle empruntait souvent des livres à la bibliothèque, dont beaucoup étaient précieux et rares. Jutta ouvrait chaque page comme si elle soulevait un rideau. Et je trouvais dans les tableaux enluminés d'or et de pierre d'azur les bonnes herbes de Berthe, mais entrelacées de festons et affranchies des raisons de leur utilisation. Je lisais, au début en trébuchant comme un aliéné, puis en suivant le chemin droit devant moi qui n'était pas seulement celui qui était tracé à la règle, mais un chemin qui, en me menant à l'extérieur, me faisait par ailleurs rentrer en moi-même.

C'était un plaisir que l'on goûtait seul, comme lorsqu'on grignote une baie de framboise et qu'on la tient entre ses dents. Il arrivait ainsi que, si quelqu'un frappait pour demander un entretien à Jutta et qu'elle se mettait à l'écouter derrière la grille, je restais en otage avec le livre.

À ces moments-là je m'écoutais lire, et, dans l'air de ma voix, mes paroles prenaient les teintes de l'émail des miniatures, en tourbillonnant, sinueuses comme des calligraphies.

La page renvoyait une odeur de choses vivantes, tout autant que la jatte de lait qu'apportait Berthe.

Et à ces moments-là je pensais que le savoir de Berthe et celui de Jutta n'étaient qu'une seule et même chose, comme l'agneau qui s'était nourri du même lait que moi, lui qui portait écrits sur sa peau les mots que je lisais et qui, devenu lui-même la figure du Fils de Dieu fait homme, avait scellé la paix entre l'âme et le corps.

- X -

Les leçons que me donnait Jutta voulaient se limiter à fournir le savoir qu'elle avait elle-même appris à l'école, c'est-à-dire la discipline du *trivio* (grammaire, logique et rhétorique) et celle du *quadrivio* (arithmétique, géométrie, astronomie et musique). *In primis* grammaire et rhétorique latine, afin que je lise de manière courante et que j'écrive – autant que possible – sans ces erreurs qui, si elles pouvaient être tolérées pour un laïc, étaient inconvenantes dans le style d'un homme ou d'une femme d'Église.

Elle m'enseignait aussi la science des nombres et des figures, un peu d'astronomie, afin que j'emploie la vue de mon intelligence à comprendre les lois de cet édifice dans lequel Dieu avait placé la demeure de l'homme, comme le soutenait Jean Scot.

Certains parmi les moines assuraient qu'il était inutile, sinon pernicieux, de laisser les livres aux mains des femmes, puisque Pythagore prétendait que la femme, comme les ténèbres, avait été engendrée par le Chaos.

Le livre, parfaitement circulaire, était au contraire engendré par le Cosmos, par le monde régi par le *logos* dont l'homme était l'interprète et le gardien vivant.

Mais l'abbesse, qui était une femme orgueilleuse et pratique, peu habituée aux sophismes, ne s'empressait pas de répondre aux provocations.

Une certaine pratique du monde – il semble qu'elle était devenue religieuse assez tard, par volonté de sa famille – lui avait appris qu'aucun homme ne parvient à contredire une femme qui sait ce qu'elle veut. Quant au cosmos et au monde parfaitement logique des hommes, elle savait qu'il ne s'agissait que d'une fable : elle disait ouvertement que les hommes étaient paresseux et faibles, gloutons, égoïstes et querelleurs, prêts à dire toute chose et son contraire. La Règle de saint Benoît, qui aurait dû être une source scellée, au couvent était chaque jour contestée et interprétée. Les broches tournaient dans les cuisines pleines de viande grasse après avoir affamé les paysans avec la dîme, les livres souvent abandonnés étaient dévorés par les souris et les tentures par les mites et les teignes, tandis que dans les chambres le vent apportait des amas de poussière et de duvet. Si elle avait été à la place de l'abbé, le couvent se serait conduit différemment.

Mais une chose en tout cas intéressait la mère abbesse : qu'entrent des novices et des oblates riches.

L'attrait d'une éducation sainte et savante avait déjà fait la fortune de nombreux couvents.

Car l'intérêt des jeunes filles n'était pas seulement d'éviter l'assaut de maris légitimes, mais aussi celui d'éviter l'ennui du gynécée où le temps court comme sur un métier à tisser, déjà dessiné par l'ourdi.

C'est pour cela que l'abbesse avait encouragé Jutta à devenir *magistra*.

Mais Jutta ne s'y connaissait pas en musique. Elle devint alors *discipula* de sœur Pauline, qui dirigeait le chœur.

Cette dernière était plus une créature d'air que de terre, effilée comme un roseau qui, quand vient le vent, se balance et chante d'une voix tremblante.

Dans le château de mon père nous avions hébergé quelque temps une gitane qui savait chanter en s'accompagnant à la vielle. Ma mère la gardait dans sa chambre avec elle car cela lui calmait les nerfs, comme Saul le faisait avec David. C'était une femme fanée et couverte de vieux haillons, où pendaient de pathétiques colliers de monnaies et de clochettes. Mais quand elle prenait de l'air dans sa poitrine et qu'en faisant bouger l'archet de sa main elle semblait ne faire plus qu'un avec le bois de son instrument, elle rendait chacun captif de l'attrait amoureux de sa musique. Moi, ma mère, les servantes de la maison, le chat, nous étions enfermés dans ce cercle à la circonférence prodigieuse fait de chaînes aériennes.

Elle chantait une pavane ou une gaillarde plaintive, et je voyais défiler dans ma tête un cortège flamboyant de princes et de chevaliers venus d'un très lointain ailleurs, avec leurs faucons et leurs toques emplumées, accompagnés de très gracieuses dames voilées pour un rite qu'ils étaient les seuls à connaître.

Ou alors il y avait des gigues, où les amours se croisaient, où les notes devenaient des guirlandes et il semblait qu'on devait se préparer à toute une fête dans laquelle à la place des mets on n'aurait servi que des baisers.

Ma mère, toujours enfermée dans sa mandorle d'ombre, s'adoucissait et soupirait.

Moi au contraire je frissonnais, parce que cette musique me procurait un plaisir que je ne parvenais pas à contenir, presque comme une douleur qui me transperçait. Et j'avais les joues qui rougissaient, mon sang courait plus rapidement.

Je me cachais alors derrière un rideau et je pleurais tout bas. Non pas de douleur, mais d'une joie qui devait déborder comme d'un vase trop plein. Cette musique, ensuite, m'accompagnait toujours et me tenait compagnie pendant la nuit, en certains jours tristes de couleur marron, et me revenait ce refrain presque de conte de fées qui me disait d'espérer, parce que le mois de mai revient toujours.

La musique de sœur Pauline, c'était autre chose. Ce n'était pas de l'art, mais de la science, un lieu géométrique et astrologique à la fois, une suite de nombres parfaits. Peut-être parce qu'au début c'était une musique que j'écrivais, faite de signes proches des lettres et des nombres. Sœur Pauline, toute maigre, n'avait pas la voix ensorcelante de la gitane et je ne me la représentais pas comme un instrument – j'imaginais pour cela des femmes aux flancs ronds comme des luths ou avec des ventres souples de cornemuses.

Mais quand elle émettait quelques notes avec sa voix pour me faire comprendre comment des nœuds de notes bien choisis formaient des figures, je sentais que sa musique aussi me transperçait, tout en étant nue et d'une simplicité extrême, capable de me conduire en haut jusqu'à des éclats de lumière.

Au bout de quelque temps j'entrai dans le chœur avec les autres sœurs. Et je goûtai ce qu'Augustin exprimait avec des mots : que le chant ne convient pas aux vieux hommes, mais aux hommes renouvelés par la grâce.

Augustin n'avait pourtant pas fait l'expérience du chant des vierges qui, lorsqu'elles louent Dieu, ont la même voix que celle des anges, celle-là même que possédait Adam dans le premier jardin.

Nous nous revêtions de nos habits gris qui à eux tous formaient une ombre. Je fermais les yeux et je m'imaginais que ce chœur très noble était fait de femmes vêtues de tuniques blanches serrées par des ceintures de topaze et de chrysolithe, et qui retenaient, sur leurs têtes, leurs cheveux dénoués, comme des couronnes flamboyantes. La même tenue avec laquelle les saintes, dans la gloire de l'or et du brocart, célèbrent leur mariage mystique.

- XI -

C'est avec une telle reconnaissance que je repense à ces jours car ces bonnes dames m'avaient accordé le luxe qui, s'il est pour un adulte privilège ou volupté, pour un enfant est un bien aussi nécessaire que la respiration : l'*otium* et le temps libre. Distraite, couchée sur le dos dans un pré j'avais le regard perdu dans les nuages qui s'égrenaient à des hauteurs vertigineuses, je me promenais solitaire en rendant visite à des arbres devenus mes confidents comme des compagnons, transie dans l'air transparent en tenant dans ma poche des marrons cuits bien chauds, et sautant par-dessus les fossés, en me figurant un monde vert bleu et rouge et or selon les jours.

J'occupais mes heures avec un petit psaltérion que sœur Pauline m'avait accordé pour que je m'exerce, un trapèze de bois d'ébène à tenir sur mes genoux, où dix petites cordes faites en boyaux à peine touchées par mes dix doigts semblaient imiter toute la musique du monde : les vanneaux, les stridulations lointaines des cigognes, l'onde de l'eau qui jamais ne se rompt, le vent, les bougies qui crépitent, les sandales des sœurs comme des pas d'oiseaux parmi les fourrés, les papillons, les faucons ancrés dans le ciel qui, lorsqu'ils se posent, semblent te faire une révérence de la tête.

Ma vie était alors comme ma musique sur le psaltérion, incarnée dans le monde, comme une résonance continuelle à l'unisson.

Puis tout se précipita.

Cela se passa de nuit. Le Christ, qui pour la moniale est l'époux des jours étincelants et lumineux, vint m'enlever comme un brigand.

J'avais presque oublié l'existence de la Lumière, mais elle me traquait. Elle me perça la vue au-delà de mes paupières closes et une voix que je distinguais, parfaitement diurne, me dit : Je suis la Lumière Vivante.

Ce fut comme si on m'ouvrait la poitrine avec une épée de lumière et que tout le créé essayait de pénétrer en moi.

Je restai stupéfaite, tandis que la vie heureuse et innocente m'était à nouveau arrachée comme une vieille peau. Je tremblai convulsivement sans pouvoir m'arrêter, tant j'étais émue et effrayée.

J'en parlai avec Berthe, puis avec Jutta.

Berthe, qui pour toute chose trouvait des remèdes miraculeux ou raisonnables et des herbes de guérison, me regarda ébahie. Jutta se retira, comme si à ce moment elle brûlait. Elle me dit que mon aspect était impressionnant : différent, blessé, étrange.

La mère abbesse fut appelée et je me confiai à elle, mais comme elle ne voulait dans son couvent ni frénétiques ni visionnaires, elle supposa qu'il s'agissait de fantaisies dues à mon âge.

J'avais quinze ans désormais, même si j'en paraissais moins.

Je n'étais ni enfant ni femme, une sorte de terre d'argile qui glisse sous les pieds.

Le moine qui était chargé de notre assistance spirituelle, un homme très âgé qui depuis que j'étais petite fille m'apparaissait comme un vieux dragon, fut plus méfiant et rusé.

Il se risqua à me poser des questions dont je ne compris pas exactement le sens, en faisant allusion à des tentations et à des avertissements.

D'où venait cette Lumière? Est-ce qu'elle me flattait? Est-ce qu'elle me tentait par des paroles sournoises?

Je ne comprenais pas où voulait en venir ce moine-dragon qui me traitait comme si j'étais un appât.

Moi, par contre, je ne demandais rien. Je voulais continuer à faire de la musique et à sauter par-dessus les fossés, lire avec Jutta et herboriser avec Berthe. Je ne voulais pas regarder plus loin, je ne voulais pas être aspirée par le Seigneur.

Amos non plus ne voulait rien savoir et il hurlait au vent : Je ne suis pas prophète, moi.

Le monde n'aime pas les prophètes. Il est écrit : malheur à celui qui dit « Réveille-toi » à la pierre muette.

Je cherchais du réconfort dans mes promenades solitaires, celles où un rien suffisait pour me rendre heureuse.

Mais j'avais l'impression de ne plus pouvoir jouir des nuages, de l'herbe et des sandales dénouées.

Même les livres, ceux qui avaient été façonnés au cours du temps par les mains d'hommes pieux, venaient à m'ennuyer.

C'est là le prix que l'on paye à la clairvoyance : la répulsion que l'on commence à éprouver pour le monde. Alors que je voulais être dans le monde. Dans mes moments simples de bonheur, le monde était l'habit de ma mesure même. Maintenant j'étais seule, j'étais Jacob en lutte avec l'ange.

Mes mères n'étaient plus là pour veiller sur moi, car il y a dans la vie de chacun un moment où nous nous trouvons seuls sur la route qui doit nous mener là où chacun est complètement soi-même.

Ce lieu dont parle la foi nous attend, nous reflète. Mais était-ce bien vrai ?

J'avais pris l'habitude de prier non pas à l'église, mais agenouillée sur la pierre rugueuse devant le portail principal qui normalement était fermé, parce que les moines utilisaient une entrée *a latere.*

Devant ces battants de porte inexorablement fermés je frappais mes poings en me blessant les doigts jusqu'à saigner, contre ce bronze qu'un abbé avait voulu finement travaillé au ciselet.

Et je priais en hurlant : *De profundis ad te clamavi, Domine,* qui est la prière de tous les désespérés au moment où la vie menace d'être un désastre, un doute féroce, une apostasie.

Le Seigneur ne me répondait pas.

Et je gardais tout cela en moi, parce que la prudence de la mère abbesse et les menaces du confesseur m'avaient incitée à me taire. Mais tant de douleur enserrée dans une cage d'os et de nerfs voulait parfois s'échapper au-dehors. Je tombais malade, alors. Ma tête bouillonnait de fièvre, mes mains glacées m'obligeaient pendant des journées entières à rester inerte comme un tas d'os.

Berthe essayait de dissoudre des poudres, de m'appuyer des pierres sur le front, elle sortait la nuit avec son faucillon d'argent pour cueillir de l'aigremoine, des écorces d'érable et de saule, de douces fougères et tous les remèdes bons pour la fièvre tierce et quotidienne. Elle pétrissait même de la farine mélangée à de la poudre très fine de myrrhe et à de l'huile de pavot et elle m'en saupoudrait les oreilles, le cou et la tête enserrée dans un turban.

J'éprouvais un certain soulagement. Mais d'autres fois – elle me le racontait ensuite – je sombrais dans une sorte de paralysie où je perdais tous mes sens, pendant des heures.

Les paroles que disait Berthe et les bruits qu'elle faisait me semblaient provenir d'une agitation lointaine, comme s'il s'agissait de faits et de choses qui s'étaient passés ailleurs et dans un autre temps. Et je me demandais si cela ne devait pas être ainsi quand on meurt, quand le corps reste immobile dans la pièce ou alors si l'on entre dans une obscurité où les voix des autres ne parviennent que comme un bruit étouffé qui se voile et s'amenuise jusqu'au silence.

Dans ce mal qui était le mien il y avait un moment, qui était une sorte de chute au milieu des éclairs et des larmes, où j'atteignais un état *sine qua non*. Un peu au-delà, je serais morte.

Dans ce cas-là, selon ce que m'a dit Berthe, je renonçais à prendre conscience et je lui saisissais alors le bras avec une force insolite et presque animale – et elle, qui avait un tempérament fort, s'épouvantait.

En quelques jours je retrouvais la santé. Je semblais être redevenue comme j'avais toujours été, mais je me tenais sur le qui-vive.

Je savais que d'un moment à l'autre la Lumière allait venir me chercher, comme un renard fugitif dans la vigne. Et j'opposerais de la résistance, je tomberais malade.

Entre le Seigneur et moi, la guerre était déclarée.

- XII -

Jutta ne m'était pas d'un grand secours, parce que, d'une certaine façon, elle aussi faisait la guerre à son Dieu.

Il s'était passé que la mère abbesse était tombée malade. Comme cela arrive aux femmes de nature colérique, qui ont la chair molle, des os épais et un sang dense, un bon caractère et une autorité avisée, elle avait toujours semblé à tout son troupeau pratiquement indestructible. C'est ce qu'on pense des bonnes natures.

Les années passaient et elle conservait sa bonne mine virginale, doucement majestueuse dans son habit de matrone plus que de sœur. Comme cela arrive à ce genre de femmes, au fil des années la rétention du sang lui avait tari les humeurs et elle était tout à coup devenue flétrie et ridée. Un cancer caché avait transformé les traits de son visage en un masque mortuaire. Il n'y avait que son regard qui resplendissait, comme un diamant bleu. Un jour elle ne se réveilla pas et son troupeau resta dispersé et hagard. Une fois passé le temps du deuil, toute la communauté de concert décida d'élire Jutta.

Elle, qui d'une certaine manière s'était préparée à la nouvelle, ne dit pas un mot et accepta cette haute charge, parce qu'elle pensait que le Fils de Dieu lui-même s'était livré et immolé.

Jutta fut une excellente abbesse, mais au fond d'elle-même elle détestait cette charge.

Elle devait sortir de sa cellule, gouverner son côté de l'abbaye comme s'il s'agissait d'un fief, ce qui revenait à engager des pourparlers avec le père abbé, à recevoir des hôtes, à solliciter des prébendes, à inspecter les entrepôts, à veiller à la discipline et à réprimander les sœurs qui ne semblaient pas *naturaliter* chrétiennes.

Jutta priait, mais dans son cœur elle ne parvenait pas à pardonner à son Dieu le mauvais coup qu'il lui avait porté. Elle s'adaptait à l'obéissance et au silence comme je le faisais. Mais le corps, qui n'est pas le reflet fidèle de la volonté, commença, aussi chez Jutta, à se rebeller.

Même si elle était encore jeune, elle commença à retenir son sang, presque au point de devenir vieille avant l'heure. Cela lui procurait de soudaines bouffées de chaleur, des agitations pendant son sommeil, une altération des nerfs et de longs sanglots accompagnés de convulsions.

Devant les autres elle se retenait, mais quand elle était seule avec Berthe et moi elle s'abandonnait au mal sans retenue. Berthe préparait alors un bain chaud où elle versait de l'eau de la rivière dans laquelle elle avait fait bouillir de l'anis et des ingrédients pour faire tomber la fièvre, avec des briques chaudes.

Son utérus, qu'elle pressait comme je le faisais avec les poings tendus, s'infectait et devenait réceptif comme une éponge, laissant couler liquides les voies du sang. Puis nous l'enveloppions dans un drap et nous la couchions. En observant Jutta et en la veillant, je me souvenais de l'époque où, en veillant mon père, je méditais sur la maladie. Qui n'arrive jamais par hasard. Mais il y a un superviseur divin.

Face à elle, nous nous placions comme *iuxta aram templi.* Dans ce cas, il ne reste plus qu'à ouvrir son cœur et à reconnaître nous-mêmes nos péchés. Où avions-nous failli ?

Pourquoi ce fardeau du destin nous paraissait-il trop dur ?

En plus des médicaments et des poudres magiques, il faut aussi se retirer dans les replis de son cœur, et, après avoir pénétré en ces lieux, apprendre à ne plus opposer de résistance, mais accueillir, pardonner, prier afin que la chaleur extérieure du corps corresponde à la coulée de l'âme.

Le corps ne ment jamais et il est l'ami le plus fidèle de l'esprit, son plus beau vêtement. Quand il arrive toutefois qu'il se rebelle comme une bête en colère ou un enfant qui fait un caprice, c'est que l'âme cherche à nous parler en nous communicant une vérité plus profonde et simple, où l'art et les mystères délicats de la parole ne servent à rien.

Mon corps et celui de Jutta nous envoyaient un message que nous avions au début bien du mal à entendre, mais sa manifestation était claire : nous ne devions pas nous battre contre le destin, nous ne devions pas regarder en arrière, devenir des cristaux de sel. Comme l'officiant qui se détache, solitaire, de la foule et qui s'avance tête inclinée en dépassant les barrières de l'autel presque comme s'il était devenu un souffle d'air, nous devions nous fier à notre âme. C'est elle qui panifierait la masse de notre corps.

- XIII -

Sœur Pauline avait laissé un jour sa chaise vide à l'office des Matines.

Nous l'avions ensuite retrouvée dans sa cellule recroquevillée comme un fœtus, presque comme si elle avait choisi pour mourir cette figure du bourgeon avec laquelle nous avions appris à grandir.

Jutta me nomma la nouvelle maîtresse du chœur. Personne n'émit d'objection, parce que sœur Pauline me confiait souvent cette fonction. D'autres charges lui incombaient, comme la manutention et l'accordage des instruments, la recherche de nouveaux manuscrits et de nouveaux textes en fouillant dans la bibliothèque du couvent.

Par rapport au chœur des premières années, d'autres sœurs étaient venues s'ajouter et l'on pouvait dire que le concert des voix était maintenant satisfaisant.

Je donnai dans cette charge le meilleur de moi-même, parce que, plus que de sanctifier le Seigneur avec ma voix qui ne possédait ni grâce ni hauteur, j'aimais faire travailler les voix des autres.

Je veillais toutefois à ce que chaque sœur ne se focalise pas seulement sur sa voix, mais qu'elle ressente son corps dans son entier, parce que c'est lui qui est la caisse de résonance et l'instrument. J'accompagnais souvent le chant de quelques figures de danse. Il était ainsi plus facile de sentir dans son corps la musique bouger en suivant la lenteur majestueuse des heures, des saisons, des orbites parfaites des étoiles *currens per anni circulum*. J'essayais d'expliquer que la musique n'est pas seulement un art ou une science, mais qu'elle est liturgie. Et toute liturgie est l'imitation de l'harmonie qui préside à la circulation divine, à la scansion des formes et des rythmes qui, en accord avec la beauté du créé, ne laissent rien transparaître du nécessaire et de l'obligé, mais resplendissent dans la grâce qui est une splendeur gratuite, un délicat gaspillage.

Pendant les répétitions, je m'arrangeais chaque fois pour me procurer un peu d'encens à faire brûler dans le brasier qui devait nous réchauffer, durant la saison froide qui, à Saint-Disibod, durait une grande partie de l'année.

L'encens a le pouvoir d'effacer l'angoisse qui étreint la respiration et de desserrer les inquiétudes de l'esprit.

Il rappelle en outre le délicieux parfum de lavande avec lequel une femme, Marie Madeleine, baigna les pieds du Seigneur en même temps qu'avec ses larmes. C'est pourquoi on l'avait accusée d'avoir dépensé trop d'argent pour ce nard précieux, au lieu d'en avoir fait bénéficier les pauvres. Mais le Christ avait appris à ces mauvaises langues que la véritable célébration n'est pas dans l'utile, mais dans le superflu livré avec des mains légères.

C'est ce que devait être la musique pour mes sœurs. Pas seulement une prière, mais quelque chose de plus fin et de plus puissant à la fois, un délicieux gaspillage auquel l'âme se consacre.

- XIV -

Le vieil abbé était mort de vieillesse et il avait été enterré sans trop de larmes.

Cela arrive souvent à certains vieillards qui se laissent aller, quand ils voient leur chair s'appauvrir. Ils ne savent pas que si le Seigneur ferme une porte étroite c'est pour en ouvrir tout grand une autre.

L'esprit de l'abbé, qui avait été autrefois celui d'un brillant interprète du Verbe, capable de tenir tête aux logiciens de Paris, s'était défait. Une lueur de raison apparaissait de temps en temps, dans certaines de ses paroles ou de ses déclarations, comme lorsque dans l'obscurité une chétive lanterne émet à peine la clarté d'une luciole. Le couvent stagnait. Ce fut un soulagement pour beaucoup, donc, quand s'installa le nouvel abbé, assez jeune, à peu près de l'âge de Jutta.

Kuno, contrairement à celui qui l'avait précédé, aux cheveux blancs et blafard, avec les orbites enfoncées jusqu'à presque ressembler à la tête de mort qu'il allait bientôt devenir, jouissait d'une excellente santé et portait cheveux et barbe noirs. Je ne le vis jamais absorbé en prière ou agenouillé comme un pénitent, encore moins avec le capuchon rabaissé sur le visage. Il était fier et direct, conscient de sa grandeur, parce que celui qui gouverne une abbaye traite directement avec l'empereur. Et dans de tels entretiens, à la différence des prêtres séculiers et des évêques de la ville, souvent ignorants, cupides et corrompus, il possédait les caractéristiques propres aux bénédictins : faire preuve de sagesse et de dignité sans ostentation, avec une aura naturelle.

S'il avait été un laïc, il aurait eu la trempe de celui qui règne.

Il aimait lire, en effet, les *Commentaires* de Jules César, parce qu'il disait admirer le génie sec des stratèges. Quand il regardait les étoiles, il ne pouvait s'empêcher de tracer des yeux des lignes droites et des figures de géométrie. L'esprit de Kuno ne s'arrêtait jamais et visait, en toute chose, *ad maiora.*

Son ambition faisait que même son corps était toujours tendu et actif.

Quand il devait se prosterner devant l'autel, il inclinait le buste comme une arbalète jusqu'à la pale. Mais jamais au grand jamais il ne pliait le genou.

Entre nous il y eut toujours une tension singulière.

Dès le début, quand Jutta lui demanda la permission de me laisser accéder à la bibliothèque, il me convoqua.

Il avait des manières expéditives et il n'était pas de ceux qui avaient besoin de posséder une science pour congédier : il ne nous était pas accordé, à nous les religieuses, de dépasser les limites que nous avions nous-mêmes acceptées avec humilité.

Est modus in rebus : sunt certi denique fines quos ultra... Il pensait que la citation d'Horace confirmait son autorité, mais je la terminai en l'utilisant à mon avantage : *citroque nequit consistere recto.* Le poète Horace, quand il parle des limites qu'il n'est pas bon de dépasser, ne pouvait pas faire allusion aux livres. Si Horace avait refusé les livres, il serait resté comme son père, un charcutier de province, et il aurait gâché sa vie – c'est ce que je lui répondis.

Il répliqua qu'on ne pouvait laisser une femme à elle-même avec un livre, comme l'affirme l'Aréopagite, pour qui la femme est une figure de l'excès. Je répondis que le péché d'excès, que les Grecs appellent *hybris,* est surtout imputable aux hommes comme le confirment les *exempla* de la tragédie et de la poésie. Des figures de femmes furieuses comme Médée et Phèdre avaient été créées par le caprice de l'imagination, à la manière des hydropisies aux cornes en formes de scies, des cynocéphales et des griffons.

Kuno semblait s'amuser; il n'aurait jamais imaginé que le monde de ses consœurs était aussi loquace.

En réalité il aimait tous les jeux dans lesquels il devait gagner, comme dans la leçon de vie qu'il voulait me réserver. Il répondit que le fait d'avoir étudié m'avait simplement aiguisé la langue de manière excessive et inutile. En tout cas, saint Benoît n'avait pas parlé de confier des livres au soin et à l'étude des moniales. Je m'empressai de l'informer que saint Benoît, dans la ferveur de sa sagesse trop tournée vers de hautes solutions, avait oublié de parler d'un certain nombre de choses concernant ses sœurs, comme les chemises, les scapulaires et l'hygiène que l'on doit observer certains jours.

Ce jeu ne lui plaisait plus. Kuno me congédia d'un geste sec de la main, celui qu'on utilise avec les perroquets ou les chiens, en disant que j'étais une effrontée. Sur le seuil je pris le temps de lui dire que dans d'autres couvents les abbés veillaient à ce que leurs filles ne languissent pas dans l'ignorance et se vantaient même d'en avoir de savantes ; les seigneurs féodaux qui viendraient inspecter le couvent pour y mettre leurs filles n'y entendraient que du mauvais latin et le bruit sec des métiers à tisser.

Je vis que ça le rendait pensif. Ce soir-là il m'envoya dire que j'aurais accès à la bibliothèque une heure par jour, quand les moines n'y étaient pas ; et je n'aurais droit qu'à une petite table dans une pièce fermée.

Cette heure par jour était située au début d'après-midi, quand les moines avaient l'habitude de se retirer dans leurs cellules pour méditer – en réalité pour récupérer par un bref sommeil les veilles de la nuit.

Un peu de sommeil nous était aussi conseillé, à nous les sœurs, pourvu qu'on ne le prolonge pas au-delà de ce qui était permis.

Le sommeil, en effet, si on le prolonge trop longtemps, procure engourdissement et tristesse à notre cœur de chair, et on se sent malheureux et insatisfait. Mais moi j'y renonçais volontiers.

Entrer dans la bibliothèque c'était comme se sentir soudainement transporté de ce monde à un monde supérieur. Elle était composée de trois grandes pièces, contenues l'une dans l'autre.

Ce n'était pas un bâtiment, mais un temple pour célébrer une théophanie matérielle. Sur les fenêtres, à la place des toiles cirées, il y avait des feuilles d'albâtre qui laissaient entrer une poussière tantôt violette, tantôt orange, selon la qualité de la lumière du jour. Le moindre objet semblait attirer cette poussière et s'en imprégner : les armoires alignées, chacune avec l'inscription du sujet qu'elle contenait, les volumes disposés en rangées, les tables avec leurs petites chaises à haut dossier, les lampes, le trépied de bronze.

J'avais l'impression d'être un pèlerin revenu du désert de la faim, et qu'on venait d'inviter à un banquet.

Le peu de connaissance qui m'avait été offert jusque-là, dans cette arche de science me paraissait maintenant comme une glanure de millet, une nourriture pour petits oiseaux.

J'étais assez ignorante, malgré la bonne volonté de Jutta. Avec Kuno j'avais récité les choses par cœur, comme un bouffon de taverne. Le vers d'Horace était l'un des rares souvenirs de mon père, qui avait l'habitude de le citer souvent, quand il devait mettre la famille au pas, y compris les serviteurs.

J'étais accompagnée par l'un des moines chargé de la bibliothèque, à qui un asthme jamais guéri avait ôté le souffle. Il s'appelait Henry et venait d'Angleterre. À la manière des gens de cette île, il se servait, dans sa pensée et dans ses paroles, de cette figure que les rhéteurs appellent l'ironie.

Il disait, par exemple, du Paradis que ce serait une mer chaude et une plage où l'on pourrait lire des livres sous les arbres. Il ne supportait pas les terres du Nord, même s'il y était né, les plaines d'herbe humide et les montagnes sèches. La poussière sur les livres le faisait tousser.

Il me fit lire au début des choses légères, afin que je ne me goinfre pas de cette nourriture intellectuelle : les lettres *Familiares* de Cicéron.

Je passais mon heure, ensuite, dans une petite pièce attenante où il y avait une table étroite, une petite chaise haute, et quelques instruments pour écrire. Et moi, qui m'étais tant battue pour être là, dès que j'étais livrée à moi-même je me sentais perdue.

C'est là le destin des femmes qui, quand elles gagnent quelque chose uniquement par leurs propres moyens, doivent aussi s'accorder l'autorité pour pouvoir en jouir : quand elles obtiennent une pièce, elles doivent se sentir capables de l'habiter pas seulement avec leur corps, en livrant bataille à ce juge implacable qu'est le sentiment obscur de la faute et des limites. Je savais que j'étais en train d'usurper une place qui aurait dû revenir à un homme et le froid m'engourdissait les mains.

Je pris l'heureuse résolution de ne pas trop penser, puisque l'esprit est un singe et que mon heure d'étude pouvait devenir un élastique trop court. En fin de compte, saint Benoît avait suggéré au moine, dans sa tâche intellectuelle, d'utiliser le stylet à la manière du bêcheur, en se contentant seulement de copier.

Le livre de Cicéron que je devais copier était un don destiné à une riche veuve qui avait accordé au couvent une donation en mémoire de son mari auquel il fallait pardonner, disait-on, certaines opérations mercantiles traitées avec des juifs.

Je savais déjà frotter les peaux avec la pierre ponce, jusqu'à les faire devenir claires et minces comme des feuilles de pain azyme, et tirer des lignes droites et très fines. Mais je m'exerçais surtout à l'écriture, sous la direction de frère Henry qui surveillait mon orthographe, disant que les erreurs vulgaires mêlent au beau latin de Cicéron des barbes de moules.

Mon latin était autant celui de Jutta que celui de Berthe, une langue dotée d'une double citoyenneté pas très bien définie.

Je travaillais chaque jour en me demandant à quel point je commettais un péché si, en plus de l'humble prière de me satisfaire du travail de copiste, je savourais en plus cette douceur miellée qui se manifeste quand on lit à fleur de lèvre telle ou telle phrase dite une fois et déposée avec tant de grâce dans mon intelligence. Je pénétrais dans le bureau secret d'un homme comme Cicéron, à son époque homme public et très puissant, et qui était maintenant perdu en des jours d'exil, dans la douleur inique des plumes et des abandons, pour pleurer la mort de sa fille bien-aimée. Avec des paroles très douces que je n'aurais jamais entendues de la bouche de mon père. Et il me semblait que même lui, Cicéron, qui se satisfaisait peu des idoles fausses et trompeuses de son temps, cherchait dans son cœur une mesure du bien qui soit à la dimension d'un Dieu miséricordieux capable de guider la vie des hommes justes comme il le fait avec les étoiles, avec des courbes d'or.

En réalité le plaisir provenait aussi du fait de copier, de se mettre au service de quelque chose sans s'en sentir la maîtresse, devenir simplement un humble intermédiaire de l'invisible.

Puis on me fit copier d'autres manuscrits et chaque fois c'était comme pénétrer dans un paradis, autrefois clos, et maintenant devenu accessible : Augustin, Lucain, Boèce.

Je comprenais ce qu'Henry voulait dire quand il parlait de « se goinfrer », c'était comme une espèce de satiété de l'esprit qui transforme ensuite tout en ennui. Dans ces cas-là je m'arrêtais et je me fiais à mon corps et à son élémentaire sagesse. Je me mettais à méditer à l'office, au milieu de l'odeur balsamique des fruits mis à sécher sur des claies, au milieu des conversations et des bruits de sabots des servantes. Ou alors étendue dans l'herbe, après avoir délacé mes sandales pour libérer mes pieds aux doigts petits et blancs comme des coquillages.

- XV -

Comme pour la nourriture, le savoir bien discipliné se transforme aussi en énergie de l'esprit.

Marche après marche, bouchée après bouchée.

De la moisissure qui avait encollé ses pages j'avais libéré un pamphlet de petite dimension.

Il était de Martianus Capella, *De nuptiis Philologiae et Mercurii.*

Il n'était pas facile pour moi de comprendre le sens de ces paroles, parce que dans certains livres la sagesse n'est pas une eau fluide qui vient facilement au creux de la main, mais c'est l'eau qui décharne les pierres à son embouchure. Je demandais des explications à n'importe qui, pas seulement au frère Henry, mais aussi à un autre moine qui l'accompagnait, un Magyar dénommé Petrus, qui était savant mais laid et rude, et ne riait jamais. À la fin je compris ce que voulait dire le livre : toute discipline particulière a le devoir de nous mener à l'unité du savoir et toute chose que l'on apprend fait partie d'une encyclopédie céleste.

J'en éprouvai de la joie, parce que cela voulait dire que le moindre petit progrès de ma raison se trouvait à l'intérieur des choses, et non pas *absolutus,* détaché, dépourvu de sens.

Je fus encore plus confortée dans cette idée quand me tomba entre les mains le *Periphyseon,* connu encore sous le titre *De divisione naturae* de Jean Scot Érigène. L'abbaye avait deux copies de ce livre, y compris une traduction dans notre langue natale. De précieuses miniatures paraient chacun des volumes d'or, de carmin, de bleu et d'un vert plus nouveau que celui de l'herbe.

Le rapprochement avec les mots de ma langue me fournit l'aisance de ne pas peiner chaque fois avec un vocabulaire nouveau. Et je lisais et je comprenais des choses que je pouvais enfiler parfaitement, comme un gant.

La nature créée qui ne crée pas – dit le philosophe – procède de la nature créée qui crée, c'est-à-dire du *Logos* Divin, seconde personne de la Trinité, en qui sont éternellement présentes les choses primordiales et les idées éternelles. Ces paroles scellées dans des cadres d'or confirmaient tout ce que mon ingénuité avait su depuis toujours, mais qu'elle croyait ineffable et obscur à comprendre.

Ce monde qui nous entoure, que certains décrivent comme la terre désolée où nous venons au monde en souffrant à ventre ouvert, et dont il est bon de s'abstenir, est au contraire une émanation du *Logos* qui gouverne toute chose. Le monde est une créature voulue par le Facteur Suprême, dans laquelle le Fils s'est fait facture.

Si auparavant j'éprouvais de l'émotion face à la nudité sans souffrance d'un fil d'herbe, à un vol d'oiseaux des marais, à la géométrie parfaite de l'Ourse dans le ciel, tout ce que je regardais alors avec un intérêt particulier, Jean Scot le remplissait en l'élevant au rang de pensée.

Homo-Omnis, affirme-t-il. L'homme est la synthèse de toutes les réalités, il contient dans sa nature l'animal et l'ange, le nord et le sud, la naissance et le coucher du soleil.

En ces jours-là je renaissais à moi sans douleur.

Car il n'est pas dit que la douleur soit nécessaire.

- XVI -

Ce n'est pas pour autant que la douleur m'avait abandonnée. Elle se présentait toujours, de manière furtive, aux moments où la Lumière venait me rendre visite.

Comme un hurlement dans la nuit, la Lumière imposait le silence autour d'elle et se faisait chair, elle venait dans ma voix avec son terrible don de paroles.

Et pourtant en ces moments-là je ne tombais pas endormie et je ne voyais pas ces choses comme dans un rêve.

Et je n'étais pas non plus saisie par un *excessus mentis,* comme c'était arrivé à tant d'âmes saintes à qui l'on accorde un avant-goût du paradis.

Je restais les yeux ouverts, sans perdre conscience, en éveil.

Mais je n'utilisais pas mes sens. Les pensées de mon esprit et les affections de mon cœur s'apaisaient.

Cette Lumière, bien plus lumineuse qu'un nuage qui enveloppe le soleil, pénétrait avec des mains secrètes dans toute la sève de mon être.

Et à ce moment-là je n'étais pas seulement étendue à l'intérieur d'une pièce, je montais aussi en haut et je voyais des vallées parcourues par des fleuves, des maisons devenues minuscules et des mers, abritant des voiliers, et plus haut encore, des nuages où les oiseaux battaient des ailes avec un mouvement de rames, et, encore, l'air si pur qui s'amenuise jusqu'à devenir pure essence, là où il n'existe ni l'espace ni la forme et où le temps n'est plus qu'une fine poudre d'or qui arrive des constellations reculées.

La Lumière Vivante me montrait des choses que je comprenais immédiatement.

Pourtant je ne m'en remettais pas complètement à elle et je luttais avec ma volonté, chaque fois jusqu'à me faire éclater la cervelle. Je priais en pleurant : « Seigneur, ne t'occupe plus de moi, aie pitié de ma petitesse ! »

Quiconque me trouvait dans cet état avait reçu l'ordre de Jutta de me laisser seule.

Une fois Henry m'avait surprise dans la petite pièce, je l'avais entendu s'enfuir comme dans le bruissement d'un milan qui s'envole. La seule qui restait à mes côtés était Berthe, qui attendait muette comme un chien.

Elle savait quand c'était le moment de prendre soin de moi.

Quand la Lumière s'éteignait, de fait, j'étais dans une grande prostration et j'avais mal partout.

Berthe m'enveloppait dans une couverture et me faisait me coucher. Elle appliquait sur mon front ses mixtures, mauve ou sauge et huile d'olive avec du vinaigre.

Entre une veille et l'autre elle me répétait que je ne pouvais pas mourir, parce que j'avais encore trop de choses à faire. C'était cela que je voulais m'entendre dire.

- XVII -

Berthe n'avait pas d'âge et elle ne s'en souvenait même pas elle-même.

Elle n'avait pas non plus de souvenirs d'enfance, parce que les pauvres naissent dépouillés, déjà adultes.

Berthe était comme les arbres, qui ne deviennent pas vieux mais antiques.

Elle avait peu de cheveux, tellement fins qu'elle les entortillait en une unique tresse, comme la queue d'un rat.

Ses dents gardaient le blanc des amandes. Ses yeux quelquefois lui faisaient mal et semblaient se retirer dans un creux d'eau. Elle les soignait en contemplant longuement la viridité des champs, parce qu'il n'y a pas de meilleur remède pour les yeux que de s'enivrer de vert. Un jour elle ne rentra pas.

Le coucher du soleil arriva et on ne la vit ni dans l'abbaye ni aux alentours.

Je passai toute la nuit à veiller avec Jutta et à prier, mais ma bouche était incapable de parler, privée d'humidité. À l'aube on appela des serviteurs de l'abbaye, avec des chevaux et des chiens.

Quelques heures plus tard ils envoyèrent chercher Jutta qui voulut que je vienne avec elle.

Ils avaient retrouvé Berthe au-delà d'un terre-plein, couchée sur le côté, les mains en croix sur la poitrine.

La chose la plus étonnante c'était que de toute la nuit son corps n'avait pas été touché par les bêtes. Beaucoup parlèrent de prodige, parce que les loups et les fouines arrivent jusqu'aux abords des maisons.

Berthe connaissait une langue avec laquelle elle savait convaincre les bêtes, elle remerciait les plantes, elle écoutait les maladies. Berthe savait qu'il y a un temps et un achèvement pour chaque chose.

Elle disait que quand c'est le temps du miel, nous sentons la douceur du miel dans la gorge.

Je ne me sentis pas abandonnée par elle.

- XVIII -

L'épreuve la plus difficile était encore à venir.

Dans une manifestation de ma Lumière, je vis Jutta développer un mal en elle.

En apparence elle était toujours la même, même si elle était plus fatiguée et plus ternie.

Un cancer, comme un fruit toxique, l'emmena rapidement.

Elle n'opposa pas de résistance. On lui fit subir d'inutiles saignées qui, comme tous les remèdes qui traitent le corps à la manière d'une carcasse récalcitrante, laissent échapper ce peu d'humeur vitale qui aiderait le malade à guérir. Ou alors, à mourir en gardant ses sens en éveil.

Jutta se laissa assécher. Elle était trop fatiguée pour rivaliser avec l'abbé, inspecter les entrepôts, discipliner les novices sans vocation, convertir les prières en argent.

La mort était pour elle la cellule solitaire dans la paix de laquelle elle avait voulu un jour s'emmurer.

Je lui fermai les yeux. Installée sur le catafalque funèbre elle était belle et royale, comme une dame de marbre sur son sarcophage. Je pleurai longuement, ce que je n'avais pas fait pour ma mère.

J'avais trouvé la mort de cette dernière, que l'on m'avait fait savoir par lettre, aussi naturelle qu'un changement de saison.

Celle qui pleurait Jutta était la petite fille d'autrefois redevenue orpheline.

Mais je n'étais plus une enfant. En ce 22 décembre 1136, par la grâce du Seigneur, j'avais trente-huit ans.

- XIX -

À trente-huit ans, une femme qui serait restée dans le monde aurait été vieille.

Les femmes de mon âge, qui venaient à l'abbaye en portant des paniers et en traînant des agneaux, étaient déjà dans l'hiver de leur vie, décrépies, les gencives sans dents.

Celles qui étaient de sang noble, qui amenaient leurs filles avec des chariots pleins de lin et de lingerie fine, avaient meilleure apparence. Mais leurs yeux étaient éteints, ennuyés par l'oisiveté et l'ignorance d'elles-mêmes, et elles ressemblaient à des animaux pris au piège.

L'impression que j'avais était que ma vie était encore toute à écrire, en une grande veille.

Cette année-là l'hiver avait du mal à finir, il n'y avait dans le ciel que quelques oiseaux noirs de suie.

La nouvelle arriva sans préavis, comme une tempête.

Les moniales, réunies en chapitre, m'avaient élue abbesse.

J'étais peut-être pour elles la continuation légitime de Jutta, ou alors elles étaient les interprètes de ce qui devait être. Je n'eus le temps ni de m'affoler ni de laisser mes peurs s'installer.

Au moment de l'équinoxe du printemps, la constellation du Bélier cogne sa tête mâle contre les arbres, en réveillant la puissance des feuilles. Sous l'augure de ces étoiles, je me présentai devant mes sœurs, le cœur prêt.

- XX -

Être abbesse signifiait, sans le commerce des corps, négocier toute chose avec Kuno, comme dans une vie conjugale. Jutta ne l'avait jamais contrarié. Avec moi ce fut différent.

Kuno l'avait tout de suite dit publiquement : j'étais une chèvre.

Le premier contentieux était essentiel, parce que je ne voulais pas que mes moniales ne glanent que les restes des livres, comme cela s'était passé pour moi.

Les sœurs devaient avoir leur bibliothèque, être instruites, apprendre l'art de copier et d'enluminer.

Elles avaient besoin de livres, de roseaux, de poudres et d'encres, d'instruments de musique.

Ces demandes étaient légitimes, parce que les dots venant de mes filles, que Kuno administrait, auraient amplement suffi à satisfaire toutes nos requêtes.

Il objecta que ces rentes ne pouvaient être gaspillées.

Je lui tins tête. L'abbé avait commandé, pour sa dévotion personnelle, un diptyque d'ivoire incrusté d'agate et de jaspe avec les images sacrées du Christ crucifié entre les *plorantes* et saint Disibod. Kuno avait connu de trop près les flatteries du monde. Il ne renonçait pas au vin résiné, aux faisans et aux perdrix, aux truffes délicates parfumées d'ombre. Il portait encore des anneaux provenant de sa famille et il en avait fait enchâsser d'autres avec le sceau de l'abbaye qu'il avait l'habitude de faire tourner entre ses doigts tandis qu'il parlait en contemplant les lueurs des petites pierres.

Nous ne blâmions pas certaines de ses vanités : que Kuno soit imbu de lui-même m'importait peu. Mais, en ce qui nous concernait, il devenait très sobre. Il ne supportait pas que, en plus du nécessaire, nous puissions demander le superflu.

Le nécessaire, c'était le pain de chaque jour, un peu de bière, un mouton qu'il nous faisait envoyer de temps en temps par un paysan, qui venait juste d'être abattu, avec les viscères arrachés.

Mes sœurs avaient apporté en dot des champs d'orge et des greniers comme des cathédrales, des troupeaux entiers à faire blanchir les montagnes.

Dans le monastère voisin de Gandersheim, depuis un demi-siècle les moniales lisaient et étudiaient avec l'approbation de l'empereur.

Je me présentai chaque jour pour demander une audience, attendant pendant des heures, debout et en silence comme une statue sous l'architrave. Dans certains cas il faut savoir se taire, pour ne pas rompre l'urne trop fragile du Temps.

Le temps à la longue accorde sa récompense à ceux qui ne l'accablent pas de leurs plaintes.

J'attendais que ce soit lui qui fasse une offre ; il dit, en effet, qu'il avait pensé à quelques volumes, quelques copies qui leur restaient, deux petites tables. Je déclinai l'offre sans élever la voix, en cherchant au contraire la modulation de qui n'aspire qu'à un univers sonore paisible. Je lui répondis ceci : je voulais la rente de la dernière novice qui peu de jours auparavant s'était jointe à mon troupeau, Mathilde de Verthershein, fille d'un riche marchand qui était peut-être un usurier. Nous les moniales nous n'avions vu que les caisses de lin et la lingerie ; mais il semblait qu'elle avait aussi apporté un moulin, le péage d'une rivière, un bois de châtaigniers, un troupeau non négligeable. Je lui dis aussi que je ne bougerais pas de là, comme sainte Lucie devant le préfet de Syracuse, quand un miracle la transforma en pierre et que trente paires de bœufs ne réussirent pas à l'arracher de son piédestal. Kuno qui se trouvait au milieu des désagréments d'une visite impériale, accepta pour se débarrasser de moi. Un mois plus tard, nous avions converti fromage et farine en livres, avant même que Kuno n'ait eu le temps de le regretter.

- XXI -

Quand Volmar arriva-t-il ? Mon cœur l'avait cherché avant même que je ne le connaisse. Celui qui connaît une soif extrême rêve aux saisons marines. Nous, les moniales, nous nous étions procuré des peaux de parchemins, des encriers et des encres, des instruments pour faire de la musique ; le peu de connaissance que nous possédions nous l'avions mis en commun comme le pain que nous enfournions. Quelle pénurie. Nous avions besoin qu'un maître nous enseigne.

Le couvent revendiquait les moines parmi les plus savants du royaume, il suffisait que Kuno nous en envoie un. Mais il appartenait à la race des sourds de cœur, et il pensait de plus nous avoir déjà trop accordé.

C'est Volmar qui frappa à la porte de notre couvent et qui s'offrit volontairement. Je le voyais pour la première fois, laineux de barbe et de cheveux comme un chien de troupeau. Tellement simple en apparence, au point de ressembler à l'un de ces moines stupides *sine littera* que les couvents envoient comme des vagabonds pour ramasser les noix.

Il suffisait qu'il se mette à prononcer quelques mots pour se transformer.

Une fois, enfant, j'avais vu un marchand qui déroulait devant ma mère un tapis d'Orient, à la trame rugueuse et terne sur l'envers ; mais tourné sur l'endroit il avait pris toutes les teintes de la terre et du ciel, comme si à la place du fil on avait utilisé des rubans de chrysoprase, d'émeraude et de béryl. Volmar pouvait parler de toute chose comme Salomon, dont on disait qu'il avait écrit les paroles graves de l'Ecclésiaste et les paroles savoureuses du Cantique des Cantiques. Il pouvait parler des Pères de l'Église et de leur prudence emplie de piété, comme des faiblesses des poètes antiques. Toute chose était pour lui *naturaliter* bonne et digne d'étude.

Il possédait la sagesse des paroles, mais il leur préférait quelquefois ce langage plus universel des regards et des gestes simples suggérés par le cœur.

Il paraissait sans âge. La première fois que je l'ai vu au parloir avec son horrible sac de toile, j'éprouvai la sensation de le connaître, comme si je lisais un parchemin où notre rencontre était déjà gravée en caractères d'or. Quand on était à côté de lui, tout resplendissait en un éternel présent.

- XXII -

Puis Richardis nous rejoignit. Son arrivée avait été précédée par Kuno, qui s'était occupé personnellement de recevoir les hôtes, bien à l'abri derrière sa chasuble rigide enchâssée de pierres.

La marquise von Stade était arrivée, accompagnée par son fils Hartwig, assez jeune et pourtant déjà évêque de Brême. La tête de la marquise se dressait fièrement sur son cou comme la tour de David.

Elle inclina à peine le front devant Kuno, qui, lui, se prosterna comme je ne lui avais jamais vu le faire devant aucune relique, en montrant lorsqu'il parlait tout le sourire de sa bouche hérissée de dents.

Je comprenais devant de telles inhabituelles prévenances que la plus haute noblesse de l'empire avait posé le regard sur notre couvent. On fit entrer Richardis qui, par sa beauté, par le port de son cou d'ivoire et de sa tête, dressée comme une tour bordée de grosses tresses, avait tout de suite l'air d'être la fille d'une telle mère. Mais en même temps des différences aussi ressortaient.

Dans les yeux : ceux de sa mère étaient bleus, comme les eaux enfermées des lacs qui conservent en leur fond des tumultes empoisonnés ; ceux de Richardis étaient frais comme des fleurs de lin, comme deux fontaines de jardin.

Sa mère semblait ne pas savoir se détacher de la conviction qu'elle était belle, pas plus que du nom qu'elle portait. Son esprit, de plus, était toujours en effervescence comme la roue d'un moulin. C'était elle qui faisait et défaisait les destinées de sa famille. Pour ses enfants elle voulait l'excellence.

Richardis avançait légère, elle ne faisait pas tourner de roues dans son esprit. Ses pensées étaient faites d'air et sa beauté semblait un don gratuit, atteint sans effort.

Le jour de sa consécration, le geste avec lequel elle offrit à Kuno sa chevelure à tailler fut à la fois très simple et d'un renoncement sublime, comme celui d'un jeune tilleul qui tend une branche.

Être à côté d'elle était comme être proche de l'origine, quand les hommes étaient innocents et poussaient avec la Nature. Le seul défaut de Richardis était son amour de la perfection.

Elle faisait brûler des lanternes jusque tard dans la nuit pour perfectionner sa graphie et elle ne trouvait pas la paix tant qu'elle n'avait pas compris toute chose de ce qu'elle avait lu.

En même temps, elle ne renâclait pas au travail, acceptant des tâches que le privilège de sa naissance aurait pu lui épargner. Plus d'une fois je l'ai vue dans la rigueur de l'hiver battre du linge à côté des lavandières, avec la tunique repliée jusqu'au coude. Elle s'engageait tout autant pour lire une page d'Augustin que pour planter des laitues. L'effort la troublait à peine en lui rosissant les joues, et en crevassant ses mains qu'elle avait petites et délicates, le vent lui humectait les yeux comme des cœurs de violettes. Et pourtant, sa beauté ne s'abîmait jamais, et cet exquis cou de famille, qui se dressait comme une tour de David, ne semblait jamais abattu. C'était la marquise von Stade qui l'avait fait grandir dans cette obligation d'être parfaite, mais tandis que chez sa mère la perfection semblait tracée au cordeau, chez Richardis elle n'inquiétait pas. Personne ne saurait reprocher à la rose d'être trop belle puisque, parmi les épines, elle devient elle-même miracle et explication de l'univers.

Richardis fut pour moi une fille, non pas dans la chair mais dans l'esprit, et nous avons goûté à un amour vertueux qui fait grandir comme le fait l'eau avec les anneaux du cœur.

- XXIII -

Richardis, Volmar et moi, nous formions la figure du triangle, une combinaison parfaite qui par sa nature concentre toute force et pourtant la répand, est base et hauteur. Durant les longues soirées à Saint-Disibod nous nous réunissions dans mon petit cabinet de travail autour d'un brasier. Nous lisions et interprétions quelque commentaire, ou alors nous écrivions des vers. Et nous faisions de la musique, parce que Volmar connaissait différents instruments et il jouait également de la harpe, du rebec et du luth, instruments qui conviennent mieux à un ménestrel qu'à un moine. Comme le dit Amolario, « nos chanteurs ne tiennent dans leurs mains ni cymbales, ni lyres, ni cithares », la voix suffit pour soutenir la joie dans la prière. Exception faite de l'*organum cum pueris.* Toutefois, le fait d'avoir des instruments nous aidait à composer des sons en accordant nos voix, en calibrant la hauteur et la mesure. De plus, inutile de le nier, nous en éprouvions du plaisir et cela nous semblait être une chose permise. Le roi David possédait lui aussi un psaltérion. Nous imaginions l'univers lui-même trempé et accordé comme la meilleure cithare. Qu'est-ce qui pouvait bien nous obliger à nous priver de nos instruments ?

Richardis accompagnait la musique avec sa voix, extrêmement limpide, capable de monter à la verticale et de redescendre avec des modulations, presque en rentrant en elle-même. Ou alors nous communiquions tous les trois en silence, chacun absorbé dans sa propre œuvre : Richardis brodait ou faisait des enluminures, moi j'écrivais des lettres, Volmar lisait et méditait, entaillait un morceau de bois avec son couteau ou s'endormait enveloppé dans une peau d'ours que lui avaient donnée certains paysans à qui il servait de confesseur, de médecin et de maître. Le chant étouffé d'un hibou ou un passage de daims dans le lointain, les bruits isolés et soudains qui, venant de l'extérieur, pénétraient dans notre coquille feutrée sans échos, produisaient tout à coup en nous une sensation aiguë d'exister.

Au printemps nous sortions ensemble pour herboriser en nous enfonçant dans le bois, que Volmar connaissait bien, dans des immenses cathédrales de châtaigniers, de hêtres et d'ormes élancés dont le ciel était le dôme. Moi je leur apprenais à savoir distinguer les plantes bonnes et les plantes nocives et reconnaître les autres telles que le *stramonium* ou la belladonna qui donnent la guérison ou la mort. Volmar, lui, savait reconnaître les animaux : les bêtes rampantes semblables à un vent froid ou celles qui se tapissent dans les ronces et qui ont des petits yeux secs comme des feuilles, les animaux visqueux semblables à l'eau trouble qui les contient ou encore les animaux colorés comme les renards et les faisans qui sont beaux en pleine course, et aussi les grands animaux comme les cerfs qui se montrent comme des apparitions fugaces et splendides, mais dont on devine dans l'air l'âcreté de gibier.

Nous emmenions avec nous toutes nos sœurs, à qui la réclusion de l'hiver avait fait fondre les joues et ôté la joie. La peau, surtout chez les femmes, est *signum individuationis* de l'âme.

La viridité de la nature qui nous enivrait alentour faisait renaître les roses sur les joues de mes filles, agrandissait les yeux et détendait les fronts, la force de la denture, les os fragiles du cou.

À ces moments-là elles étaient si belles, tout au moins s'il n'y avait pas eu cet habit noir qui semblait agglutiner toutes les couleurs et les éteindre. Si Kuno n'avait pas été là, lui qui supportait déjà mal certaines libertés champêtres, j'aurais fait tisser des habits comme des tapis d'orient, ou tout simplement verts, couleur conforme aussi à la racine du nom. *Virgo* et *viriditas.* La vierge et le vert vivent de lumière, ils l'absorbent directement et la transforment en la respiration d'une vie renouvelée.

Vêtues de ces tuniques noires au milieu des bois, quand le soir tombait, nous avions tout à coup l'air d'être de la matière terrorisée et obscure. Nous récitions nos oraisons dans le pré et nous chantions nos hymnes, tandis que notre poitrine s'élargissait lorsque nous respirions et que nos veines semblaient se dilater, béantes.

Offrir son âme à Dieu en ces moments-là prenait la même saveur simple que celle de la fougasse d'épeautre chaude qui se transformait en farine dans la bouche ou des framboises que nous avions ramassées et fourrées dans un pan de notre vêtement.

- XXIV -

Volmar et Richardis savaient qu'à certains moments, même si j'étais présente, je n'étais pourtant pas avec eux.

La Lumière m'envahissait, me parcourant avec de vifs éclairs, m'irradiant avec un feu sans chaleur.

Je me retirais en moi-même et, en même temps, comme la goutte de miel dans le vin, je devenais l'immensité.

J'étais la goutte de miel qui prenait chaleur et saveur dans le vin, ou encore le fer qui perd sa forme et devient tendre liquéfaction. À ces moments-là j'étais dans nos bois, j'étais à côté du cerf mâle avec son bramement limpide, je sentais le vent frémir là-haut dans les feuillages. Bien plus. Je sentais toute chose se replier et s'approfondir : le sommeil de la matière, puis les mers qui se rompaient, les terres placées au début en continents fragiles se remplir de petites larves de vie, la musique à l'aube d'un commencement jamais entendu jusqu'alors et les soleils s'ajouter aux soleils.

Quand je revenais à moi, soudain réveillée comme d'un sommeil animal, je me trouvais seule dans la pièce. Jusqu'à ce que je me mette à sentir la présence de Richardis à côté de moi. Qui attendait en priant, fidèle comme l'ombre. Et qui ensuite, sans rien demander, essuyait ma sueur, m'étendait sur mon grabat si je tremblais, en m'entourant dans une couverture qu'elle avait elle-même tissée, aux couleurs vertes du lichen.

Je la laissais faire et ses mains qui bordaient mes couvertures, qui me tendaient une infusion ou qui adoucissaient d'une caresse la fatigue de mes yeux étaient celles de Berthe, de Jutta, de ma nourrice et aussi de ma mère, qui me rendait souvent visite en songe, redevenue jeune avec des cheveux roux en carrousel d'air.

Quelquefois je vis aussi Volmar à mon chevet, qui me veillait. Laineux et fidèle comme un chien de troupeau.

- XXV -

J'aidais mes sœurs à préparer la bière, en l'aromatisant avec de la bruyère, du romarin et du myrte.

Je commençai à percevoir la Lumière qui s'introduisait lentement avec ses visions – dans ces cas-là je me mettais toujours à l'écart. Et je veillais à bien m'assurer qu'il ne s'agissait pas seulement d'une lubie de mes nerfs fatigués ou de la mémoire qui me reproposait de vieilles images. Que saint Michel me protège – me disais-je à moi-même. Mais cette fois ce fut un coup sec, comme le font certains amants qui se mettent à se donner des coups.

Je tombai de ma chaise et ma tête se cogna contre terre.

La violence vint du fait que, au lieu de l'harmonie de lumières et de sons qui m'envahissait – qui étaient toutefois un mélange indistinct de vent, de vagues, d'animaux ou de frissons d'anges mêlés aux battements déchaînés de mon cœur –, j'entendis une voix forte comme un commandement. Elle s'adressait justement à moi : « Écris ce que tu vois. »

Je fus si épouvantée que cela m'étouffa le sang; je perdis toute mémoire et je me retrouvai dans mon lit.

À mon réveil les yeux de Richardis en larmes brillaient au-dessus de moi comme deux aubes.

Volmar, appelé à la rescousse, m'avait soulevée et emmenée jusque dans ma chambre. Il était maintenant auprès de moi, silencieux et osseux comme la colonne. Il demanda ensuite à pouvoir s'entretenir seul avec moi.

Il me parla avec une voix différente de d'habitude, dans laquelle on décelait une ferme autorité, mais sans reproche. Comme quelqu'un qui doit détacher le fruit de l'arbre sans devoir nécessairement l'abîmer. Il voulait savoir exactement ce qui m'arrivait en ces moments où moi, présente, j'étais ailleurs.

Je fus soulagée par cette demande, parce que ce secret était en train de devenir un bloc de pierre trop énorme et le cadre de ma vie s'était ce jour-là écroulé sur moi.

Je m'ouvris à lui en confession, sans rien lui cacher.

Il recueillit chacune de mes paroles. Puis il demanda de se retirer quelques jours, parce qu'il devait réfléchir et méditer.

Volmar était fait ainsi. Il agissait rarement par instinct, comme je le faisais moi-même.

Chez moi la réponse venait souvent directement, et même les premiers mots que je disais se révélaient être les bons. Si je prenais le temps de réfléchir, je n'arrivais à rien.

Si quelqu'un recherchait un conseil auprès de moi, mes paroles étaient faciles à comprendre. Je n'obligeais personne à recueillir des feuilles de la sibylle. J'aurais préféré que Volmar me dise quelque chose, tout de suite.

Mais il était différent de moi et c'est peut-être pour cela qu'il avait été mis sur ma route.

Il avait passé tout l'hiver à écrire la mélodie d'un hymne.

Il méditait longuement sur chaque question et si la solution ne le convainquait pas il prenait congé du couvent. Il errait dans les bois. Ou encore, comme un pèlerin, il se donnait un but à atteindre au bout d'une longue marche : une église en ruines à côté d'une source ou la cellule d'un ermite.

En ces occasions il sortait du couvent avec sa sportule, un bâton, une courge qui lui servait de gourde, un peu de pain et quelques noix, un stylet pour écrire.

Ces jours-là je tombai très malade, en souffrant de plaies dans tout le corps, comme si quelqu'un me fouettait avec des feuilles sèches. Puis Volmar rentra et vint me parler.

Il était souriant et bruni par le soleil, il avait beaucoup marché.

Il avait ramassé pour moi dans un bout de drap des noisettes et des petites cornouilles, rugueuses et douces. Il me fit boire une eau qu'il avait puisée à une source qu'il disait miraculeuse, et qui avait un goût marin – c'est du moins l'impression que j'en eus, mais cela faisait des jours que je ne mangeais pas et ma bouche était sèche et tout infectée.

Il me parla de quelques pages de la Bible sur lesquelles il avait médité, tirées du livre du Qohélet, où il est dit clairement qu'aucune parole n'est libre, mais qu'elles sont toutes au service d'une pensée sacrée.

Et qu'il y a un temps où cette parole est cherchée et un temps où elle est perdue, un temps où elle est gardée et un temps où elle est jetée, un temps où elle est déchirée et un temps où elle est recousue, un temps où on la tait et un temps où on la diffuse.

À l'apôtre Jean il fut dit aussi qu'il y avait un temps, sous le ciel, pour que la parole sorte et soit mise par écrit, pour dire ce qui est et ce qui sera.

Je l'écoutais. Mon attention s'était arrêtée quand il avait dit : il faut recoudre la parole.

Voilà quelque temps que mes yeux se brouillaient et que je tirais l'aiguille à grand-peine en prenant beaucoup de temps pour faire le tour d'une boutonnière.

Je lui demandais : qui étais-je moi, pour avoir à recoudre la parole de Dieu et à l'écrire ?

Les docteurs de Paris entraient et sortaient de leurs syllogismes comme à travers les portes de leurs écoles, avant d'écrire. Qu'auraient-ils dit de moi ?

Il me rassura. Il avait connu certains de ces docteurs, pour lesquels les paroles deviennent quelquefois des gourmandises de gloutons. Saint Benoît et nombre des philosophes antiques ne s'étaient pas moqués de l'empressement qui conduit l'ignorant à l'émerveillement.

Mais que dire du passage du Qohélet où il est écrit : « J'ai trouvé un homme entre mille ; mais je n'ai pas trouvé une femme entre elles toutes » ?

Il s'attendait à cette question. Il répondit sereinement. Le Christ n'était pas un patriarche qui s'était laissé conduire par les hommes, les esclaves et les bêtes tranquilles. Il écoutait les hommes et les femmes à qui il annonçait en premier des paroles de vie éternelle.

En somme c'était le moment de se mettre à écrire. Il fallait donc que je m'extirpe de ce lit dans lequel je m'étais mise à l'abri comme une femme enceinte.

- XXVI -

Je sortis de l'impasse qu'était devenue ma vie en rassemblant les premières paroles, qui coulèrent lisses comme de l'eau. Car je me rappelais chaque chose de mes visions et je les transcrivais sur une tablette cirée. Puis je les répétais à Volmar qui les reportait sur parchemin. Richardis traduisait en dessin tout ce que je disais. Puis nous montrions ces figures aux moniales instruites dans l'art de la miniature et elles ajoutaient l'or et les émaux.

Mes visions possédaient des couleurs différentes de ce qu'on voit dans la nature – elles étaient peut-être comme se l'imaginent les aveugles. Une tunique rouge, par exemple, semblait jaillir de la pompe du sang vif, le vert du pré était une émeraude à l'état liquide, le ciel une cuvette de saphir, et la Lumière un or très pur sans scories.

Il n'y avait pas d'émanation de l'air dans ces visions, il n'y avait jamais la brume qui quelquefois monte comme les fumigations d'une bassine, il n'y avait pas de moisissures, d'écorces ni de rides, il n'y avait jamais la silhouette du dos du passé avec son poids de fautes, ni la fuite anxieuse vers le futur. Tout était contenu dans un présent étincelant, l'instant qui figure l'éternité, à la manière de la goutte qui entre dans la mer sans devenir plus grande, ni souffrir d'un manque.

L'œuvre que j'écrivais s'élaborait justement comme une mer.

Nous en écrivions chaque jour une partie, presque toujours dans mon cabinet de travail, quelquefois dehors dans le jardin. Et aussi au milieu des champs, parmi les fleurs de fèves aux multiples yeux.

Le parchemin de Volmar se courbait en un enroulement. Et pourtant, cette page de chaque jour avait déjà en elle toute l'œuvre, asséchant le mystère de cette mer qui la contenait.

Les images des visions étaient encore plus fortes. Dans l'une d'elles Dieu se montre comme une Lumière aux ailes immenses qui siège sur une montagne faite en roche solide de couleur grise, laquelle rassemble et accueille une forteresse à ses pieds. Là se tient une silhouette toute constituée d'yeux et un jeune revêtu d'une simple tunique et de souliers clairs, le visage empli de timidité. Ils symbolisent l'un la crainte de Dieu, l'autre la pauvreté d'esprit, qui sont les vertus qui nourrissent ceux qui ont la foi, sur lesquels pleuvent d'en haut des gouttes de lumière. Sur les flancs de la montagne s'ouvrent des fenêtres où l'on voit apparaître des visages exsangues ou disponibles, pour indiquer que rien des actions des hommes n'échappe à la connaissance divine.

Dans une autre vision l'univers apparaît sous la forme d'un œuf immense et boursouflé. Non pas comme nous le voyons dans l'expérience sensible, quand il se montre comme un calcaire compact et très délicat. Il m'apparut à moi fait d'albâtre, dans lequel je distinguais un œuf plus à l'extérieur fait de langues de feu agitées par le vent, puis un œuf de lumière noire comme la tentation, qui faisait peine à voir, secoué par un fouillis de tempêtes et de pierres pointues. Puis un œuf de pur éther où se dessinaient des sphères transparentes de lumière pure, un autre imprégné d'air humide et d'une douce pluie, et un autre encore brûlant et éclairé de torches.

Et à l'intérieur un œuf sablonneux avec une montagne en son centre.

La vision avait toujours la même interprétation : tout est Un.

Le feu de la vengeance et celui qui purifie, le feu des torches qui éclairent les ténèbres, l'eau qui humidifie, l'erreur et la tempête, l'éther pur de la foi et la stabilité qui se tient au centre comme la montagne. Aucun élément n'est détaché de l'autre et est une chose en soi, mais tout est un. Le salut ne viendra pas pour un seul élément, parce que chaque chose fait partie de l'œuf entier, image et figure du cosmos.

Dans une autre vision la rotondité de l'œuf était un utérus de femme où l'âme s'enracinait comme un fœtus. Et cette âme était soumise à toutes sortes de peines, pressée comme dans un pressoir pour le vin.

L'âme, jetée dehors, parcourait une route menacée par des serpents difformes tapis dans les ronces et par des scorpions, mais la voix de sa mère l'exhortait à résister et à voler sur ces obstacles comme si elle avait des ailes. Et elle la rappelait à elle comme le fils perdu, comme l'exilé qui cherche la Sion adorée, jusqu'à la faire rentrer dans son sein, en réunissant dans son parcours le but avec le point de départ, en guise de cercle, qui est la figure vertueuse entre toutes.

Et c'étaient aussi sous des figures de femmes que se montrèrent à moi la Synagogue et l'Église.

La première était haute comme la tour d'une cité et l'aurore formait un diadème autour de sa tête. Mais ses orbites étaient vides, son visage pâle et une ombre descendait sur elle jusqu'au nombril, pour devenir noire au niveau de ses pieds qui rougissaient de sang. Son attitude d'inertie signifiait qu'elle cachait dans l'obscurité les secrets de Dieu, sans parvenir à les rendre manifestes.

Entre ses bras croisés, elle tenait Abraham et Moïse et dans son ventre ces prophètes qui avaient précédé la venue du Sauveur. Son vêtement s'était souillé du sang du Christ versé à ses pieds, mais un léger nuage qui brillait au milieu de ce sang disait que le salut viendrait pour tous avec le Christ à la fin des temps.

L'Église, *Ecclesia,* se présentait jusqu'au ciel, imprégnée de grâce, et pourtant terrible dans sa beauté, revêtue d'un or très pur jusqu'aux pieds, avec un manteau incrusté de saphirs, d'émeraudes et de perles.

Contre sa poitrine elle serre toutes les femmes qui par l'offrande de leur intelligence et de leur vie lui donnent de la viridité. Et, sous la croix, elle recueille dans une coupe le sang versé par le Christ.

Mais son ventre est aussi une coupe, où se tiennent les enfants dont elle accouche par la bouche, parce que le destin de son peuple est d'être le Verbe incarné.

D'autres fois ce sein est un filet, une grande nasse où, comme le faisait le Christ, dans la grande mer de l'être elle se fait pêcheur d'âmes.

Et pourtant *Ecclesia* se présenta à moi aussi sous d'autres apparences, dépouillée de sa royauté, avec la tunique déchirée sur un côté, les souliers lourds de boue, et le visage sale comme celui des pèlerins sur la route.

En me référant à ce que j'avais vu, il me semblait devoir être comme Jérémie qui, dans le peu de temps qui était donné à son peuple, avait dû les avertir : celui qui fait rouler des pierres sera blessé par elles.

Mais si *Ecclesia* était d'abord une princesse et que maintenant elle mendie, ce n'est pas seulement la faute de ses enfants qui deviennent de plus en plus lâches et incapables, mais surtout la faute de ceux qui devraient en être les pasteurs, les ecclésiastiques, qui ont transformé son chemin en un marécage plein de cailloux noirs et de feuilles rêches.

Et elle se mouvait dans une grande solitude, sans le secours de ses ministres d'Église qui se montraient sans cœur, sans pitié, au point qu'elle n'avait plus ni centre ni caractère.

Je les définis comme « efféminés », parce qu'ils avaient pris le pire défaut des femmes : l'indolence qui conduit à transformer la vie en matière inerte, fatalement entraînés par les autres.

Mais des femmes, ils ne possédaient pas toutefois par nature la vigueur de la terre qui sait transformer en son sein tout fardeau en primeur du cœur.

Quelquefois je m'arrêtais épuisée et ce que j'écrivais me semblait dur et hostile, comme si la vie des hommes et leurs vicissitudes n'étaient que du gaspillage et de la mauvaise haleine. Comme le disent les Écritures, « ajouter de la sagesse veut dire ajouter de la douleur ».

Mais je voulais être différente.

Existe-t-il une sagesse que l'on puisse apprendre sans douleur ?

Volmar posait son stylet sans dire un mot, Richardis s'arrêtait en méditation.

Leur silence me disait qu'ils étaient en attente non seulement avec leurs oreilles, mais, comme le dit Salomon, avec le centre du sang.

Alors je continuais jusqu'à ce que l'huile de la lampe s'assèche au fond.

- XXVII -

C'est Volmar qui trouva le titre de l'œuvre, incisif et compact comme un sceau : *Scivias.* « Connais les chemins ».

Parce que mes paroles devaient être des paroles de service, que tout homme pouvait utiliser comme un viatique.

Dans la paume de la main elles pouvaient être comme un bâton bon pour tout pèlerinage.

Je ne demandais rien d'autre pour moi. Mais il y en avait qui doutaient.

Kuno devint soupçonneux car il n'était pas prudent qu'une femme se fasse prophétesse et mette noir sur blanc, comme une chose définitive, ce qu'elle voyait dans son imagination.

Il m'appela et me dit que ma folie excentrique allait faire du tort au couvent tout entier.

Parce que, selon les Écritures, « l'insensé se croise les mains et mange sa propre chair ».

Pour Kuno j'étais une folle et, chose terrible, j'avais fait des prosélytes.

En tout cas, notre circulation de mots et de parchemins avait franchi les murs du couvent en faisant s'élever trop de voix. Dans ces murs Kuno était le seul patron, après Dieu.

Ces années-là, Saint-Disibod était l'objet de l'attention de pieux donateurs qui, utilisant l'abbé comme intermédiaire, se procuraient la miséricorde divine en échange de terres, de bêtes, de laines tondues, de lingots de fer et d'or, ainsi que de pièces de haute orfèvrerie que Kuno appréciait particulièrement.

Les monastères, qui au début n'étaient guère plus que des écoles d'abstinence et de renoncement, étaient devenus des lieux où la beauté était non seulement un ornement, mais presque une nécessité spirituelle.

Par beauté on veut dire aussi cadre, convenance et harmonie.

Les princes choisissaient les monastères pour se débarrasser de leur progéniture, pour se procurer des indulgences après les fautes commises, pour faire reposer leurs propres dépouilles en les baignant d'eau bénite et de bénédictions.

Que penserait-on d'un monastère où une femme enflammée par Dieu se mettait à faire la sibylle ?

Une fois que je parlais de cela avec Volmar et Richardis dans une de nos sorties en dehors du monastère, nous sommes tombés sur Kuno, *lupus in fabula.*

Il était accompagné par des prébendiers qui vivaient autour de l'abbaye, qui transportaient de l'épeautre et du blé au moulin. Nous nous sommes échangés le *Benedicite,* qu'il a prononcé du haut de sa monture en serrant les dents et sans trop de conviction. Il ordonna à sa suite de le précéder et, d'un geste de la main, il me demanda de m'arrêter. Il descendit de cheval et me prit à part.

Il marchait à grands pas, comme quelqu'un devant qui la terre se dégage toujours. En réalité il possédait une solide paire de souliers en peau de cerf avec laquelle il écartait les cailloux et les encombrements.

J'avais du mal à le suivre. Il se retourna avec impatience.

Ces pérégrinations en dehors des murs étaient inconvenantes, déclara-t-il tout d'abord.

Je répondis avec prudence qu'elles fortifiaient ma santé et celle de mes sœurs et qu'elles procuraient des fleurs et de bonnes herbes pour les médicaments. À l'époque de Jutta et des mères précédentes les abbés n'avaient pas soulevé de polémiques. Je parlais et je marchais en même temps derrière lui comme un chien truffier.

Il se retourna brusquement. Et de plus – décréta-t-il – je ne devais plus rien mettre par écrit. Un geste de sa main levée faucha dans l'air toute réponse de ma part.

Et puis sa main était gantée de peau et tout en Kuno, à ce moment-là, donnait plus l'impression d'un Seigneur habillé pour la chasse que d'un moine.

Je n'étais plus qu'un lièvre estropié par un piège.

- XXVIII -

Il remonta à cheval et donna un coup d'éperon. Je restai immobile et accablée par une peine tellement cruelle qu'elle semblait transformer tout à coup le bleu-vert qui nous entourait en un désert plus blanc que les morts.

Certaines douleurs nous font écumer la tête et tomber les dents, elles nous volent à la tire toutes les années qui restent de notre jeunesse.

C'est terrible, en plus de voir partir les corps de ceux qui nous sont chers, de rester seuls quand nous sommes vivants.

Volmar et Richardis vinrent près de moi pour me redonner courage.

Mais j'étais incapable de parler et cela dura pendant des jours.

Il n'est pas donné aux femmes d'occuper le monde avec des paroles. Pour Kuno, tout ce que j'avais écrit avait été fait en fraude. Maintenant la loi d'un homme m'avait menacée : il fallait que je refoule les mots dans ma gorge pour en faire un beau nœud. Et que je me taise. Que je retourne m'enfermer dans un couvent.

Il aurait pu me dire, et cela aurait été la même chose, que je rentre dans le ventre de ma mère, dont toutes les femmes, par décret, ne devraient jamais sortir.

Les hommes s'ingénient à construire autour des femmes des murs de maison comme des chairs de placenta, et des rideaux épais comme des tentures, et des habits qui empêchent la peau de respirer.

Peut-être que les hommes s'amusent à plumer la tête des femmes, à leur arracher les dents et la jeunesse.

Peut-être ne peut-on pas se vanter d'avoir à ses côtés une femme qui parle.

Peut-être vaut-il mieux être un eunuque de la parole.

Peut-être y a-t-il un plaisir à faire certaines choses.

- XXIX -

Volmar était l'homme qui faisait exception à la règle. Lui, par vocation, ne supportait pas de rester à rien faire sans se battre, quand il trouvait une bonne cause.

Volmar parlait directement avec Dieu et se méfiait de certains intermédiaires qui portaient des bottes en daim. Par sa naissance il provenait de l'aristocratie des armes et, de mémoire d'homme, aucun de ses ancêtres ne s'était cassé le dos sur la glèbe.

Son père était un chevalier de l'Empire, tout comme ses frères ; ses sœurs avaient été élevées pour devenir des épouses de chevaliers.

Tous les membres de sa famille guerroyaient et Volmar était également inscrit dans un militantisme céleste où les vertus s'armaient contre les vices.

La fougue de Volmar, lorsqu'il entonnait un hymne, ne pouvait pas être différente de celle de ceux qui entonnaient un chant sous les remparts de Jéricho, pour faire s'écrouler les murs.

Son corps, qu'il fortifiait durant ses longues traversées dans les bois, en prenant son énergie dans un peu de nourriture, en goûtant l'eau sur les feuilles, en coupant du bois, n'aurait pas fait piètre figure dans une joute de chevaliers.

Tel était l'instinct de son sang et personne ne peut échapper à son cercle fatal.

Je m'étais retirée, mais il me proposait la lutte.

Non pas que Kuno fût le mal. Pourtant Kuno, plus par opportunité que par vertu, s'était arrogé le droit d'établir des limites qu'un grand homme de notre temps – Volmar lui-même l'avait connu – aurait considérées comme mauvaises.

Bernard de Clairvaux n'admettait pas l'engourdissement, l'hébétude et l'abrutissement.

Et il n'excusait pas ces pasteurs qui fomentaient de tels maux, en proposant, au lieu de défis, des limites.

Lui aussi était de bonne souche. Issu d'une lignée de combattants, il avait formé ses moines comme un escadron de Dieu. Leur arme était le Verbe.

C'est avec cette arme que ses moines devaient opérer : la parole devait éliminer l'écorce et la cire autour du miel, afin qu'apparaisse dans l'homme, comme une amande douce, cette forme qui le rend fils de Dieu. Pour Bernard, l'esprit devait être stimulé, élevé et éclairé afin qu'il perde toute lourdeur. Surtout Bernard ne craignait pas les prodiges que l'âme voit en extase, quand l'homme se fait le vase de Dieu. Bernard n'était pas Kuno. L'or et les livres enluminés de minium le laissaient indifférent. Le vrai péché qu'il redoutait pour ses moines était l'orgueil.

Aussi aimait-il se montrer plus volontiers lorsqu'il dirigeait des charpentiers, des jardiniers ou qu'il secondait l'ouvrage des cordonniers. Aucune activité ne le repoussait. Et ses mains, pour qui les avait vues, n'apparaissaient en rien différentes de celles d'un draineur de marécages.

La proposition de Volmar était de soumettre à Bernard la lecture de *Scivias.*

Volmar et Richardis recopièrent la première partie du livre ; puis confectionnèrent des parchemins avec des bandes de lin. J'y joignis une courte lettre, dans laquelle je ne lui cachai rien de ce qu'il y avait dans mon cœur, comme il convient de le faire avec un frère en qui l'on a confiance : *Dans l'esprit des mystères je te parle à toi, père vénérable, parce que jamais depuis mon enfance je n'ai vécu tranquille, mais j'ai vu des choses grandes et terribles que ma langue serait incapable de prononcer, si l'Esprit divin ne m'enseignait comment les raconter.*

Et encore, je le suppliai de dissiper mon doute. Je le chargeai d'émettre la sentence : *Les visions me contraignent à la souffrance avec de graves maladies et je n'arrive plus à quitter le lit. Mais je voudrais me lever et te rejoindre, mon bon père. Je place mon âme dans ton âme. Fais ton enquête, dans ta sagesse inspirée par l'Esprit Saint et révèle-moi si je dois parler ou si je dois taire toute chose dans le silence de mon âme.*

Volmar confia la dépêche à un marchand de sa connaissance qui se rendait en France pour faire le commerce d'étoffes.

- XXX -

La réponse ne se fit pas attendre.

Un moine blanc arriva du couvent de Clairvaux, tout empoussiéré par le voyage.

Il apportait deux dépêches, l'une pour Kuno et l'autre qui m'était expressément adressée.

Je rapporte les paroles de cette lettre que j'ai lue avidement, comme lorsque l'on se penche sur l'embouchure de la source. Mais dont j'ai dégusté ensuite les mots l'un après l'autre, presque comme s'il s'agissait d'un vin liquoreux.

Bernard, abbé de Clairvaux, à sa sœur dans le Christ Hildegarde.

Je réponds à ta lettre en abandonnant toute autre activité. Je me réjouis pour la grâce de Dieu qui est en toi et je t'exhorte et te supplie de l'accueillir avec toute la force de l'amour et du don de soi. Tu sais que Dieu brise les orgueilleux et qu'il élève les humbles avec son onction. Si tu possèdes la connaissance intérieure que l'Esprit Saint a mise en toi, en quoi puis-je t'être utile ? Il est plutôt nécessaire que tu pries et me recommandes à Dieu en même temps que tous ceux qui se sont unis dans la communion spirituelle.

Ce jour-là Kuno retira son interdiction.

Et moi je me levai tout de suite de mon lit et, pacifiée dans mon corps, je méditais sur les paroles de Bernard qui reconnaissaient mon humilité et me plaçaient pourtant à une grande hauteur, presque en vue de Dieu.

Mais je ne voulais pas de chaire. Ce soir-là je posai ma paillasse à même la terre et je m'installai pour dormir.

Je reposai sereine, comme cela ne m'était pas arrivé depuis bien longtemps, parce que dans cette adhérence avec la terre il me semblait célébrer une alliance et me sentir parfaitement située dans un centre.

- XXXI -

Dans ma première jeunesse, quand j'essayais de m'imaginer la vie future, elle m'apparaissait comme celle des moniales qui passaient tranquillement et mouraient, de la même manière qu'elles chantaient, à l'unisson, enterrées ensemble sans épitaphe dans le chaud de la terre où elles avaient prié.

Il y avait de la douceur et du réconfort dans cette sensation. C'est la même chose pour qui naît et meurt dans un contexte familier. Au milieu des moniales, Dieu lui-même n'apparaissait plus comme *Altissimus,* mais devenu frère, *Praesentissimus.* C'est typique des femmes de mettre leur confiance en Dieu et de le voir à l'œuvre dans les choses de la vie, avec le même miracle que celui du levain dans la pâte.

Je m'imaginais alors que le monastère devait être un lieu établi tout près des limites du ciel, comme la Jérusalem de l'Apocalypse, avec ses places de verre et ses murs de jaspe, ses portes de perles.

Une nouvelle mode envahissait maintenant les couvents, les obligeant à être en accord avec le siècle. Les nefs s'allongeaient démesurément vers le levant, les piliers de plus en plus hauts étaient bordés de touffes de verdure et de dragons, les façades, comme les arcs de triomphe à Rome, exposaient à qui mieux mieux les statues des saints patrons et des ancêtres du Christ. Comme dans les villes, tout devait être splendeur et exhibition. Pour la première fois un goût nouveau se faisait jour, qui était celui de l'individualité.

Parce que chacun, à sa manière, voulait que son nom ne se perde pas.

On voyait venir un peu de cette folie qui avait été celle des anciens, de sacrifier la vie à la forme pour ne pas se sentir mourir prématurément. La belle imposture. Les murs des églises, autrefois lisses comme des hosties, se remplissaient de noms et de plaques.

Même les livres, ces parfaits courriers du temps, n'échappaient pas à l'empreinte de l'auteur, du commentateur ou du miniaturiste qui, dans la marge, commençaient à laisser leur nom, dessiné comme une arabesque, une rose ou le rameau tordu d'une vigne.

Durant toute ma vie, jusqu'à ce moment, j'avais pensé pouvoir exister sans un nom.

Et avancer à côté de mes sœurs, comme lorsqu'en procession, avec la même cadence de pas, on traverse la nef pour s'installer autour du chœur qui entoure l'autel. Et de la même manière, chacune serait dirigée vers la fosse commune, placée au cœur de la crypte justement sous l'autel, de sorte que nos pieuses déambulations étaient déjà la figure de la mort et de la libération.

À quoi cela servait-il d'avoir un nom ?

Et pourtant il se passait que mon nom commençait à circuler : Hildegarde de Saint-Disibod, Hildegarde qui voit, qui a reçu le *Benedicite* de Bernard de Clairvaux, Hildegarde qui joue du luth et qui lit l'Aréopagite avec ses moniales.

Pour certains il n'y avait pas de différence entre moi et ces hérésiarques qui se répandaient en visions contre le mariage, la procréation et l'utilisation de l'argent.

Le fait est que, malgré les nouveautés du siècle, on était encore liés à la vieille logique de la glèbe et du fief, aux habitudes et aux recettes qui avaient déjà fait leurs preuves, et l'on préférait les traditions des anciens aux fantaisies des jeunes.

On me comptait au nombre des nouveautés. Et en plus, j'étais une femme.

Une délégation arriva pour informer Kuno qu'au prochain synode de Trèves on discuterait de mon cas.

Kuno me reçut avec une prévenance inhabituelle. Il y avait à côté de lui un important seigneur féodal de Thuringe qui était hébergé depuis plusieurs jours à l'hôtellerie du couvent.

Je sus, un peu plus tard, que cet homme n'était venu que pour me voir, poussé par la curiosité que la nouvelle publicité attachée à mon nom avait suscitée.

Nous étions en l'an 1147 *ab incarnatione Christi*.

Le nouveau pape élu au trône de Pierre, Bernardo Pignatelli de Pise, qui avait choisi le nom d'Eugène III, vint lui aussi pour discuter de mon destin.

Il convenait de savoir si je devais me taire pour toujours, ou si Dieu se servait de moi comme *medium* et instrument. Parce que – disait-on – le Christ s'était servi d'êtres au cœur simple et *sine doctrina*.

Ils étaient nombreux à regretter la pureté de la source, le Christ né pauvre.

Et ce débat était une noix très dure sur laquelle le nouveau pape risquait de se casser les dents.

Par conséquent Sa Sainteté voulut m'écouter préalablement, en envoyant au couvent certains de ses ministres, qui arrivèrent furtivement et sans préavis, comme le faisaient certains pèlerins en quête d'une bénédiction ou d'un bol de soupe. Je me trouvai face à eux. Je compris. Je me dis en moi-même que je n'avais rien à craindre, puisque s'accomplissaient des faits dans lesquels devait apparaître mon intégrité.

Toutefois je devais être prudente, parce qu'il y a des moments qui semblent ponctuels et isolés, mais en qui coule la durée ininterrompue du destin. Je ne pouvais pas oublier que de cette rencontre dépendait non seulement ma vie elle-même, mais l'œuvre.

Humilitas et *Discretio*. Avec l'œil avisé de celui qui distingue le blé de la balle.

- XXXII -

J'étais installée d'un côté de la table, face à l'évêque de Verdun et à son prévôt Aldebert. Kuno était un peu à l'écart, sur une chaise.

Je cherchai à me recueillir en un seul point de moi-même, aussi petit que le grain de sésame de la parabole. C'est pour cela que je ne me laissai distraire par rien, pas même par les gestes ou par les manières de ces inconnus qui fouillaient dans tous les recoins de mon âme. Ils n'étaient que des voix qui me parvenaient.

« Es-tu Hildegarde de Bermersheim, sœur de Dieu à Saint-Disibod ? »

Ecce, ancilla Domini.

« Est-ce toi qui parles de la Lumière Vivante, qui te montre des choses que les autres ne sont pas amenés à voir ? »

C'est ce qui m'arrive depuis que je suis petite.

« Mais cela se passe-t-il pendant ton sommeil ou durant la conscience de l'éveil ? »

J'ai les yeux ouverts, vénérable Père, car avec ma vue je demeure en un lieu et avec les sens subtils je suis dans un autre.

« Comment cela est-il possible ? »

Je ne peux pas le comprendre, j'ai essayé d'y réfléchir mais sans obtenir d'éclaircissement. Quelquefois il ne nous est pas donné de nous grandir avec des suppositions erronées, car il est bien que la chambre de l'âme reste bien déblayée.

« Bien déblayée veut dire privée d'enseignement, de guide, laissée à la merci de toutes les fantaisies. »

Non, cela veut dire être vide dans l'attente, afin que le Christ soit accueilli dans un vide, comme dans la chambre nuptiale.

« Qu'est-ce qui te fait croire que ta Lumière vient de Dieu ? »

La certitude que ce qui est beau et bon ne peut qu'être Lumière.

« Et pourtant Lucifer aussi, le Grand Serpent, se montre sous l'aspect d'une lumière. »

Mais Lucifer erre sur les chemins de la création incapable de se trouver et d'être en un centre. Ce qu'il inspire est une masse en désaccord avec elle-même, sans couleur de l'être, c'est une substance dure et gluante sans joie, qui est sur le corps comme une étoffe rugueuse plus rêche que les cilices. La Lumière que je vois met de l'ordre, elle réduit en moi la part d'ombre.

« C'est ce que veulent faire entendre bien des femmes… *Ecclesia,* Synagogue et puis œufs, ventres de femmes enceintes et partout cette condition qui est le propre de la nature de la femme, cette humidité de sirène… ».

Comme le dit Bernard Silvestre, après la Forêt du monde obscur, il y a la Nature, mère de toute génération, esprit de lumière et principe d'ordre. La nature est la force féminine de la matière qui après l'hiver prend forme d'exubérance, de la même façon que le Christ ressuscite.

« Mais le monde n'est pas seulement printemps. Comme le disent les Pères, il est aussi un disque plat composé de terre et d'eau, lépreux et envahi de gaz putrides, érodé dans sa matière. »

Toutefois, il est aussi le lieu où les marais s'assèchent et où la clairière prend la place de la lande.

« On raconte que vous vous rendez souvent avec vos sœurs hors des murs pour explorer les bois en déchirant vos vêtements et en cueillant des herbes comme de vieilles sorcières. »

C'est pour que mes sœurs ne souffrent pas de l'air renfermé et vicié des cloîtres. Le Christ non plus ne tolérait pas longtemps les cénacles fermés et les sépulcres de pierre.

« Fais bien attention, femme, à ce que la licence que prend ta langue ne te cause pas de tort. »

Je désirais ouvrir mon cœur, sans orgueil ni malice.

« Est-ce que quelqu'un dans ta famille a souffert de trop d'imagination, de délire ou d'épilepsie ? »

Jamais de la vie, mon très révérend Père. Ma famille a regardé mon attitude avec beaucoup de méfiance, parce que mon éducation visait à faire de moi quelqu'un de discret, de prudent et de doux. Tout le monde peut témoigner que j'ai lutté, comme le font les femmes amoureuses, pour ne pas voir l'Invisible et pour m'enfoncer les mots dans la gorge.

- XXXIII -

Puis on me demanda de me retirer. J'étais épuisée, vide de tout sentiment, réduite à l'âpre fibre de l'être.

À l'intérieur du couvent, comme une vieille pierre dans une enchâssure, il y avait l'ancien oratoire des premiers moines fait de pierres dégrossies. Seul un candélabre y était allumé, qui ressemblait au buisson ardent au cœur du désert. Je me laissai tomber par terre et, contenue dans cette enceinte vide de murs qui ne paraissait pas faite de matière dure et repoussante, mais de cette fraîche croûte du pain que nous portons à notre bouche avec plus de plaisir que ce qui l'accompagne, je me calmai. Plongée dans mon présent plein de vie. Comme seuls savent le faire les enfants et les gens simples qui vivent la béatitude du cœur qui connaît toujours, dans l'apparente multiplicité du réel, un soutien sur lequel s'appuyer et à qui se fier. Comme les lignes que l'on trace avec une règle sur le parchemin, et qui sont destinées à disparaître sous l'écriture.

Je pensais ainsi qu'aucun mal ne pouvait m'atteindre.

- XXXIV -

La réponse dépassa toutes mes attentes. En ces circonstances on a l'impression de se voir regarder de l'extérieur, tandis que le destin fait de nous des protagonistes.

C'est comme si cette partie extérieure me disait : *De te fabula narratur.*

On m'envoya une lettre du saint pape Eugène, qui disait : *Nous sommes dans l'admiration, parce que, bien qu'on ose à peine y croire, Dieu fait de nouveaux miracles à notre époque, puisqu'il fait descendre l'Esprit sur toi, au point que l'on dit que tu vois, que tu comprends et que tu expliques de nombreux secrets.*

Enfin, il me disait d'ouvrir la bouche afin que je sois comblée de cette grâce qui, comme le dit l'évangile de Jean, résiste aux orgueilleux et s'en remet à celui qui se fait petit. Il me recommandait donc de rapporter toute chose qui m'était révélée *cum prudentia,* parce que tous les hommes d'Église n'approuvaient pas la faveur qui m'était accordée.

Une grande publicité me fut faite lorsque le pape lui-même, au début de cette année 1148, au cours d'un voyage pastoral à travers notre contrée, lut quelques extraits de *Scivias* depuis la chaire de la cathédrale de Trèves.

Les voix les plus méchantes dirent qu'il ne manquait plus que je monte moi, une femme, pour prêcher depuis cette chaire. L'apôtre Paul avait été catégorique à ce propos : « Que les femmes, dans l'église, gardent le silence. » Plutôt, les murs se seraient effondrés dans un écroulement de la nef.

Bernard, au contraire, disait de moi qu'il « fallait se garder de ne pas éteindre une aussi admirable lumière ». Mais Bernard ne représentait pas toute l'Église.

Ceux qui arrivaient auprès de lui avaient abandonné les chemins battus et s'étaient risqués à prendre les étroits parcours de l'âme, là où se célèbrent des fastes tout intérieurs et invisibles.

C'est ce que faisaient aussi ceux qui voulaient rejoindre les abbayes de ses moines blancs qui – disait-on – erraient sur les chemins en parfaite solitude ; pour les retrouver il fallait traverser des marécages sous la pluie d'automne et s'effondrer sur les flancs lisses des collines dans la canicule de l'été.

Cela aussi pour Bernard était une prière : savoir être seuls sans chemin balisé.

- XXXV -

Des lettres commencèrent à me parvenir, provenant souvent d'abbés qui n'arrivaient plus à faire régner l'austérité et la simplicité ou de femmes qui, comme moi, avaient choisi de servir le Christ dans la simplicité et se retrouvaient abbesses, à devoir remplir les greniers et à traiter avec les bouviers et les charpentiers.

Le pain, qui autrefois représentait l'essentiel du repas, n'était plus maintenant qu'un accompagnement et le soir il ne suffisait plus d'avoir une soupe dans la gamelle.

Quand je répondais, j'utilisais un peu de bon sens et je portais un regard qui voit mieux à distance – qualité que quiconque pourrait avoir quand il lui faut juger les choses des autres.

Comme à mon habitude, je ne recommandais jamais de stériles pénitences, des jeûnes et des macérations du corps, qui ne faisaient qu'ajouter aux problèmes une punition âpre et sans joie. Au contraire, toutes ces pratiques finissaient par fixer l'esprit en un point, faisant de lui le patron au lieu d'un instrument. Certains me soumettaient des scrupules parfois complètement idiots, qui me montraient combien la vocation au bonheur était une des choses les plus difficiles à satisfaire : était-il permis de manger avec plaisir un pâté de perdrix ? Et certains poissons de rivière encore chauds de braise, plus savoureux que la viande, était-il juste de les savourer durant les jours maigres ? Et puisqu'une moniale ne peut s'attacher aux choses de ce monde, était-il convenable de garder dans sa cellule un bouquet de fleurs coupées ?

D'autres, par contre, m'en demandaient trop, comme ils l'auraient fait avec une sibylle capable de prédire l'avenir et de parler avec les morts.

Je reçus même une dépêche fermée par des sceaux de pourpre : elle provenait de l'empereur Conrad III.

Lui aussi me demandait de me pencher sur la ligne du Temps pour voir quel était son destin, celui de sa famille et de l'Empire. Je ne pouvais pas refuser.

Mais quel était le pouvoir qui m'était accordé ? Ce n'était pas aussi simple que de soulever un rideau.

Je me concentrais sur Conrad et je voyais un enfant malade et un peu souffrant, un jeune chevalier, d'abord avec une rose de mai au poing, puis recouvert de plaques de fer à l'extérieur, mais, à l'intérieur, dépouillé par l'écroulement imminent de sa maison, et par les siècles qui allaient sombrer car, dans l'enveloppe de cet homme, je voyais en même temps le destin de tout l'Empire. Qui à ses yeux semblait solide, comme la Jérusalem terrestre, faite de pierres taillées avec précision, avec la rigueur d'un cube. Mais pour moi, ce n'était que du sable très fin. Pourquoi vouloir connaître l'avenir ?

Au moment même où je le disais à quelqu'un, je le modifiais. Je me substituais à son libre arbitre. Celui qui prédit l'avenir de quelqu'un crée l'avenir chez ce quelqu'un et acquiert sur lui un pouvoir immense.

Avec l'empereur je restai dans le vague : les temps changent, viendront des années pires où le troupeau de Dieu sera la proie des loups. Enfin je lui rappelais de ne jamais se sentir un étranger dans le Royaume des Cieux.

Parmi les femmes qui m'écrivirent, une lettre me parvint. Une lettre que mon cœur espérait.

Je sentais qu'avec Aliénor d'Aquitaine nous nous rencontrerions à quelque croisement de la vie, placé sur les axes principaux. Quand elle m'écrivit, il semblait que tout était déjà arrivé dans la vie de cette femme : elle était tellement belle que tous les chevaliers la faisaient représenter sur les miniatures qu'ils serraient contre leur cœur en même temps que les scapulaires. Tous les poètes d'Aquitaine l'avaient célébrée dans leurs vers. D'abord duchesse, puis reine de France. Elle partit pour la croisade avec ses dames de compagnie habillées en amazones, elle y tomba malade, elle guérit et revint. Elle avait la réputation d'être lascive et vicieuse. Et pourtant elle s'était rendue plusieurs fois auprès de Bernard de Clairvaux. Elle aussi avait traversé la forêt et les broussailles et elle était arrivée avec les vêtements déchirés, elle avait séjourné dans une cellule nue comme un coquillage, elle avait mangé le pain noir des pénitents, elle avait prié pour que se déchire le tissu de sa vieille peau et qu'elle puisse renaître.

Elle voulait trouver en moi un réconfort et une sœur. Elle se sentait perdue, comme à la veille d'événements très importants. Qui eurent lieu d'ailleurs, mais cela, c'est de l'Histoire : elle divorça avec éclat de son mari, Louis roi des Français, pour épouser Henri de Plantagenet roi d'Angleterre, elle franchit la mer et établit sa cour parmi ces terres brumeuses. Je répondis à Aliénor : *Ton esprit est une tour qui s'élève au milieu de nuages instables. Tu regardes autour de toi, de tous côtés, et tu ne trouves pas la paix. Fuis tout cela et reste ferme en Dieu.*

C'était un conseil que je pouvais me donner aussi à moi-même.

Même si nos routes étaient différentes, nous semblions, elle et moi, être des femmes qui avaient choisi l'excès. Le déséquilibre. Elle en fuyant sur les routes du monde. Moi à l'abri de mes murs.

Nous étions toutes deux le gibier d'une chasse amoureuse.

Dieu nous traquait, il nous frappait de ses flèches imprévisibles, il nous transformait en cibles, il nous obligeait à accomplir des choses qui étaient au-delà de nos forces.

Elle et moi étions si différentes de tout ce que les autres femmes se permettaient : elles étaient dans une tanière, leur existence ressemblait plus à une hibernation.

Aliénor se figurait être une amazone ; je lui rappelai qu'elle était la proie de Dieu, un gibier de premier ordre.

Il n'y avait rien qui pouvait lui faire peur – elle qui avait chassé un roi de sa couche pour en prendre un autre.

Et pourtant, dans ce qu'elle écrivait, elle reconnaissait qu'elle se sentait perdue.

Moi je lui conseillais d'offrir son flanc nu au coup divin. De se laisser aller. De transformer l'orgueil en charité. Et de porter son âme sur son front, comme la lanterne des vierges sages bien ointe d'huile. Et avec cela elle fendrait toutes ténèbres.

- XXXVI -

Je me posais une question, plus urgente que les autres. Dieu n'intervient ni dans la paix, ni dans la prudence. Qualités qui appartiennent toutes à la femme.

Quand on gravit l'impalpable échelle de l'amour, tout peut arriver.

Une chose est certaine : on sort de soi-même.

Ce que Dieu me réservait était indicible.

Seule une folle aurait pu l'écouter.

Et, une fois encore, je lui opposai de la résistance.

Il était lumière et moi je m'opposais à lui comme un mur réduit à un dur bloc de pierre.

Une des raisons pour lesquelles Bernard critiquait Abélard et les docteurs de Paris était l'affirmation de ces derniers disant que dans la recherche de Dieu il était nécessaire de douter, car ce n'est qu'en doutant que nous pouvons chercher et percevoir la vérité.

D'après Abélard, je devais défendre mon intégrité par le doute.

Mon nom était déjà connu dans tout l'Empire chrétien, dont les limites s'étendaient bien au-delà de celles de Rome. C'était bien assez. Mais pas pour mon Dieu. Lui voulait que j'aille plus loin encore.

J'avais vu un lieu précis, tout de suite après le port fluvial de Bingen, au confluent du Rhin et de la Nahe, une clairière posée sur un rocher, au-dessus de la sépulture d'un homme appelé Rupert, devenu saint dans son ermitage. Au centre, une source faisait pousser des herbes tendres et des roses hors saison.

Ce qui m'était demandé, dans cette vision, était comme un amoncellement de destinée, c'est-à-dire que j'emmène mes sœurs sur ce rocher de Bingen et que je fasse construire là notre maison.

C'était de la folie. Pourquoi une femme devrait-elle quitter sa maison pour s'installer ailleurs et emmener avec elle toutes ses filles ?

Pourquoi le Seigneur me vide-t-il comme une besace ? Pourquoi me précipite-t-il dans l'aventure ? Pourquoi, à force de renaître, nous sentons-nous de plus en plus à l'étroit dans le canal de l'enfantement comme si nous étions dans un entonnoir ?

C'est pour cela que je doutais, comme le disait Abélard. Tout cela n'était peut-être que le délire produit par mon orgueil.

La nuit je rêvais que je glissais dans des abîmes sans un sillon où poser la main, sans aucune saillie dans la roche. Le Seigneur se vengea de mes doutes, de mon inaptitude de femme.

Il me fit tomber malade et je restai couchée pendant des jours avec la tête en feu, comme les moissonneurs que je soignais, quand le soleil leur avait brûlé le crâne. Je délirais.

Le Seigneur m'obligeait à regarder au loin et moi je m'étais refourrée dans ma tanière, dans le calme de l'hibernation. Je n'étais plus le gibier de la chasse amoureuse.

Ainsi je fus condamnée à l'ombre et je n'eus plus de visions.

- XXXVII -

Volmar veillait, prévenant comme les veilleurs du Cantique des Cantiques. Il avait peut-être deviné quel était mon supplice. Et il fissura la roche. Il me demanda d'ouvrir mon âme pendant la confession et je prononçai alors le nom de Rupertsberg, le haut rocher qui surplombe le port de Bingen. Je m'agrippai à ce nom comme à une saillie et les mots vinrent ensuite tout seuls. Et plus je parlais, plus mon corps, qui était devenu comme un mur, se décomposait.

Avec les larmes, je retrouvai la douceur du sang et de la chair.

Volmar, comme à son habitude, partit pour quelques jours de flânerie.

Lorsqu'il revint, il dit que Bingen n'était distant que d'à peine vingt milles. Nous ne devions pas avoir peur, parce que les patriarches eux aussi avaient dormi sous la tente.

Nous avons informé Richardis. Je retrouvai mes visions et je revis Rupertsberg comme le fait l'oiseau, dont la vue inscrit toute chose dans un cercle.

- XXXVIII -

Je demandai une audience à Kuno. Il rit. Il ne daigna même pas m'accorder une brève réponse.

Il me dit seulement qu'un pasteur ne se laisse pas guider par son troupeau.

Le rocher de Bingen ? Inhabitable, même pour les bêtes.

Une Bible enluminée, qui venait juste d'arriver de Pontigny, occupait toutes ses pensées. Je ne méritais pas qu'il m'accorde la moindre parcelle de temps. Il se passa alors un prodige dont le récit pourrait sembler être le début d'un conte de fées.

Que sont d'ailleurs les contes, si ce n'est une représentation montrant comment tout principe de réalité peut se retourner comme une veste ? Je devins rigide comme si on m'avait fondue dans du bronze, et on ne pouvait plus me bouger de la pièce. La nouvelle de ce miracle franchit les murs du couvent et une foule de villageois et de citadins accoururent de loin, se pressant à la porte.

Ce fut à ce moment-là que Kuno commença à me prendre au sérieux.

À cette époque, nous étions un petit troupeau de dix-huit moniales. Pour lui, abdiquer aurait été une défaite inadmissible.

Non seulement cela venait briser une loi, qui sans être écrite nulle part, était pourtant bien établie à chaque époque : celle que les femmes ne pouvaient parcourir le monde toutes seules. Mais de plus, partaient avec moi dix-huit parmi les meilleurs partis de l'aristocratie allemande. Et cela signifiait des champs et des granges, des villes, des fleuves, des dépendances en location que Kuno gérait avec une parcimonie toute calculée.

Mais c'est ce qui se passe dans les contes de fées : on ouvre un passage et Dieu, qui d'ordinaire ne se laisse pas trouver, intervient en personne.

L'archevêque de Mayence envoya un courrier à Kuno qui lui intimait l'ordre de nous laisser partir.

Il s'exécuta. Je compris alors qu'au monastère, ce n'était pas Dieu qui se trouvait au-dessus de Kuno. Mais, par des connivences aussi secrètes qu'improbables, les chemins du pouvoir s'enroulaient sur eux-mêmes comme des spirales de serpents. Ce fut Richardis qui me l'avoua. Préoccupée par ce qui m'arrivait, elle avait demandé de l'aide à sa mère. Dieu s'était servi de la personne la plus improbable : c'est à la marquise von Stade que je devais tout. Elle avait été la bonne fée du conte.

Je devins furieuse contre Richardis et je ne mâchai pas mes mots. Ce n'était pas comme cela que les choses devaient se passer.

Sa mère ne connaissait rien à la charité et par ce geste elle acquérait un pouvoir sur nous. J'en vins même à dire que les parfaits cathares avaient raison, que dans les églises on faisait commerce de tout comme à Babylone. Volmar m'arrêta. D'une certaine manière, me dit-il, nous étions en train d'accomplir la volonté de Dieu, puisque la seule chose qui comptait c'était de partir. J'embrassai alors Richardis qui sanglotait.

Arrivés sur la place nous étions une petite poignée : dix-huit moniales, Volmar, deux moines charpentiers et trois ouvriers. Sur les chariots, les victuailles indispensables, surtout des couvertures, et des sacs de blé et d'orge. Les choses plus précieuses suivraient les jours suivants. Personne ne vint nous dire au revoir.

Le premier soleil du matin ouvrait des trouées dans les rideaux de brume, nous laissant apercevoir des choses qui nous avaient été si intimes et familières : l'arête vive de l'église, l'ogive d'une fenêtre d'où se penchait un moine plus curieux que les autres comme un corbeau, notre maison tapie dans un coin. Et toutes ces choses se montraient maintenant parfaitement vides, comme la coque à qui l'on avait ôté la tendresse de l'amande.

Tandis que ce petit cortège s'avançait sans faire de bruit, je sentais que les choses étaient comme elles devaient être. Qu'il nous fallait passer par ce canal de l'enfantement et voir la lumière.

- XXXIX -

Il était midi quand nous arrivâmes à Bingen. Une foule vint à notre rencontre, en tenant bien haut comme un étendard une bannière sur laquelle était dessiné le rocher de Rupertsberg, une tour blanche dans un champ bleu surmontée d'une croix. Il y en avait qui nous offraient des guirlandes de fleurs et d'herbes comme pour une fête paysanne, d'autres qui nous apportaient dans des paniers du pain chaud, des poissons de rivière et des fromages frais encore tièdes.

Ils nous accompagnèrent tous dans l'ascension de la montagne qu'il fut impossible de gravir avec les chariots, parce que la pente du sentier montagneux était trop raide et presque effacée par les ronceraies et par les pierres qui s'étaient écroulées avec les alluvions de l'hiver. Mais ce jour-là rien ne nous faisait peur.

Les bons habitants de Bingen s'empressèrent de nous apporter du mobilier. L'air était doux et résonnait de flûtes d'oiseaux. La fatigue de l'ascension nous donnait accès à la vue d'un monde d'où les maisons de Bingen et même la cathédrale ressemblaient à de petits objets en poterie. Arrivés au sommet nous nous sommes recueillis autour des reliques du saint ermite Rupert et à ce moment-là tout me semblait de la même qualité que ce que j'avais déjà goûté dans mes extases : les fleurs simples piquées dans l'herbe tendre, la source, la capeline fouettée par le vent, la pierre à peine dégrossie au-dessus de la tombe. C'était pour moi et pour tous un sentiment de joie bon et friable comme le pain que nous étions en train de partager, le pain d'un lieu étranger qui paraît différent, et qui au contraire une fois mis en bouche apporte ce bonheur simple et plein comme un retour, une reconnaissance.

Puis tous s'éloignèrent et la nuit descendit sur nos tentes.

- XL -

La saison n'était pas encore trop froide et nous nous sommes réveillés ce premier matin pleins de ferveur. Volmar et les moines charpentiers tracèrent un carré avec des cordes, parce que le carré est la figure qui se place le mieux au croisement de l'univers. Depuis le carré l'homme prend avant tout racine dans le sein même de la terre sur lequel il élève solidement les murs, qui deviennent de plus en plus légers au fur et à mesure qu'ils s'élèvent dans l'air.

Il y avait, ce matin-là, autour de nos occupations, la fraîcheur qui était celle du premier jour.

Nous aussi, les religieuses, nous aidions à transporter le mortier et les pierres, sans oublier que Marthe avait été la sœur de Marie. Nous faisions des projets pour l'église et le couvent, en mesurant l'enthousiasme avec l'économie de nos moyens. Nous n'avions pas encore pris conscience de l'étendue de notre pauvreté.

Mais tout cela nous devint évident quelques jours plus tard, quand nous avons envoyé un des ouvriers demander des comptes à Kuno, en voulant savoir pourquoi nos chariots n'arrivaient pas, où, avec beaucoup de soin, nous avions veillé à mettre de côté les choses moins utiles, mais qui n'en étaient pas moins chères et précieuses : les livres, les instruments, les objets du culte, les étoffes, les meubles et les provisions qui devaient nous servir pour l'hiver.

L'ouvrier revint tout blanc, plus blanc que le blanc de ses yeux, en disant que Kuno l'avait malmené et rudoyé en paroles, en lui refusant même l'herbe pour son mulet. Il parlait dans un état de grande agitation, tandis qu'une des sœurs veillait à le restaurer avec de la bière, du pain et du lard. J'avais l'impression de ne rien comprendre à ce qu'il disait, entre deux bouchées, entre un aïe et un ouille, entre deux plaintes. Mais peut-être ne voulais-je pas comprendre le message que Kuno m'avait fait parvenir : aucun chariot ne nous parviendrait.

Il garderait pour lui toutes nos affaires : tous les livres, la moindre livre de blé, et toutes nos rentes.

Désormais c'était à la Lumière Vivante de nous rassasier. Au milieu du tapage je me tournai vers Volmar qui, à son habitude, restait impassible et calme. Étions-nous dans notre droit, *in bonis nostris,* de réclamer nos biens ? Ou alors Kuno, *ad placitum,* était-il en train de se venger sans raison ?

Volmar leva les bras au ciel, en disant que ce qui était en train de nous arriver ces jours-là bouleversait tout ordre des choses. À quoi servait le droit ? Il avait raison. Nous étions comme cette foule sur la montagne qui, à la place des paroles de vérité qui les aurait rendus libres, attendait du Christ qu'il lui procure quelque chose à manger. C'est ce que je dis à mon petit troupeau, que nous ne devions rien attendre du monde, car celui qui met sa confiance dans le Christ ne reste pas nu mais est comme les lys des champs. En réalité nous étions tous remplis d'espérance et excités par l'audace de notre entreprise, et par la curiosité du lieu en tout point semblable à un petit royaume aérien. Nous étions comme ces arbres animés par le vent qui bruissent et font trop de bruit.

- XLI -

Mais bien vite arriva la saison qui fait faner les feuilles. Cela commença d'abord par une pluie lente avec ses lamentations. Nous avions élevé une bâtisse et une église rudimentaire. Nous nous entassions là-dedans. Certains jours la pluie avec ses griffes sur les tuiles nous épuisait. Nous regardions le ciel, de plus en plus vide d'oiseaux, qui se désagrégeait délicatement, et cet inutile déluge d'eau. La terre autour de nous moisissait. Une croix que nous avions fixée en hauteur, en bois robuste, ressemblait à une allumette. Certaines nuits, le vent fort de la montagne nous fouettait avec des rebuts de tempêtes venus d'on ne sait où. Des lueurs d'éclairs semblaient entrer par les fenêtres qui n'étaient fermées que par des toiles cirées. De terribles grondements de tonnerre parvenaient tout près de nos oreilles, comme le son d'un rauque olifant. Il y en avait qui pleuraient, d'autres qui commençaient à se plaindre sans retenue.

Les nuits sans tempête n'en étaient pas pour autant plus sereines. Il y avait à Rupertsberg un silence auquel nous n'étions pas habitués, sourd, comme celui qu'on nous impose pour nous faire taire. On entendait de temps en temps une chauve-souris, un long hurlement de loups de plus en plus proches. Il semblait que l'œil de la nuit venait fouiller en nous. Personne ne parvenait à se reposer. Nos lits étaient glacés comme des boucliers.

Le matin les sœurs se racontaient leurs cauchemars nocturnes, c'était à qui inventerait les plus hallucinés.

Chacune, le soir, s'était fabriqué un larron avec qui partager son sommeil. Les vivres commençaient à manquer. Mais plus que la faim et que la peur, le pire des maux était l'oisiveté. Car nous n'avions ni livres, ni instruments, ni toiles, ni plumes, ni ciseaux, ni aiguilles. Il suffisait de regarder nos yeux en ces matins de pluie : ils étaient devenus comme de larges étangs qui se putréfiaient sur nos visages. Si le ciel nuageux se découvrait, nous sortions enveloppées de toiles et de couvertures, de plus en plus maigres, et nous ressemblions nous aussi à ces frêles feuilles que le vent amasse dans un coin. De temps en temps quelqu'un montait du village – une mère qui tirait par la main un petit enfant secoué par une mauvaise toux ; ou quelqu'un qui traînait une jambe infectée par la goutte, ou encore un hydropique, ou une femme qui perdait du sang depuis quarante jours.

La nouvelle leur était parvenue que j'étais médecin. Un pressentiment m'avait fait prendre avec moi ces feuilles où j'écrivais les *causae et curae* des maladies – feuilles qui m'étaient chères parce que j'y avais noté le savoir de Berthe. Nous avions trouvé la plupart des herbes aux alentours, et pour les autres, nous demandions aux malades de se les procurer ; ainsi nous faisions macérer du dictame, de la rue et de l'ortie pour le goutteux, du sérum d'œuf et de la camomille pour la femme hémorroïsse, de la viande de mouton cuite dans l'hysope pour l'hydropique.

Nous écoutions ensuite le récit de leurs vies et tous disaient que jamais on n'avait vu une saison aussi rude.

C'est comme ça, parce que Dieu éprouve surtout ceux qu'il aime.

De fait, la neige arriva, qui à notre ancien couvent nous attendrissait toujours et nous émerveillait par sa blancheur. Mais sur notre rocher escarpé elle se transforma tout de suite en glace dure et gelée.

L'angoisse, qui se saisit de ceux qui lui laissent prendre son emprise, commença à diviser mon petit troupeau. Beaucoup se mirent à m'accuser sans détours de les avoir menées à l'aventure, quelques-unes revendiquèrent certaines prétentions aristocratiques auxquelles, dans le fond, elles n'avaient jamais renoncé malgré l'humilité de leur nouvelle condition. Je ne répondais pas, parce que toute manifestation d'assurance de ma part aurait pu être prise pour de la forfanterie.

Cette épreuve était en train de forger chacune d'entre nous, comme le fait le feu, et nous faisait prendre forme.

Volmar supportait toutes ces difficultés sans paraître ennuyé. Il révélait ainsi sa vraie nature, qui est celle de la poussière, qui peut se faire légère et n'appartient à aucun lieu.

Les ouvriers nous avaient déjà laissés dès les premiers froids, et des moines il n'en restait plus qu'un, qui au couvent était toujours amer et critique contre n'importe qui et quoi qu'on fasse. Et qui s'était révélé au cours du temps fidèle et patient, ce qui prouve que les premières impressions ne doivent jamais être considérées comme définitives.

Richardis, qui aurait pu tirer de sa naissance le privilège de pouvoir s'enorgueillir par rapport aux autres, comme un lys par rapport aux herbes, semblait ne jamais se plaindre et incitait à regarder plus loin. Plus que pour sa vie, elle craignait pour ma santé. Et, comme une Véronique, elle était toujours prête à m'envelopper d'une couverture, à attiser le feu pour moi ou simplement à se mettre à chanter. Quand nous souffrions le plus, elle entonnait bien haut une mélodie dont la voix nous allait droit au cœur.

Au premier dégel, sept de mes moniales demandèrent la permission de prévenir leurs familles. Je ne fis pas d'objection. Et peu après on vint les chercher avec des chariots, des palefrois avec les armoiries de leur maison, pour les loger dans des couvents plus confortables. Mais ce n'était pas tout.

L'aiguillon du scorpion était là pour me piquer au talon : Kuno. Je l'avais presque oublié celui-là, comme on le fait avec ces gens dont on oublie jusqu'au visage, en même temps que le mal qu'ils nous ont fait. Il envoya un moine me porter un message dans lequel il m'annonçait que je devais lui renvoyer Volmar. Parce que sa présence était nécessaire au couvent. Volmar ne dit pas un mot et prépara sa besace légère de pèlerin.

- XLII -

Je m'éloignai, à l'endroit où un bord de rocher dépassait sans être soutenu par en dessous. Il y a des moments où l'on désire la mort dans son cœur, autant qu'on désire le pain quand on a faim. C'était ça que je voulais : m'oublier moi-même. Me laisser aller comme un oiseau dans l'étreinte de l'air et sentir l'herbe bouger au-dessous de moi comme le fait la mer. Mais un instinct de vie impérieux me fit me cabrer, avec les poings serrés au point de m'incarner les ongles et je hurlai : « Qu'est-ce que tu veux encore, Seigneur ? »

Ce hurlement vibra dans l'air comme un couteau. Je m'écroulai à terre.

Richardis et d'autres sœurs me soutinrent et m'emmenèrent à l'intérieur sur un lit.

Je sentais le sang battre dans mes tempes comme le fait l'eau contre une écluse qui ne la laisse pas passer.

À ce moment-là j'étais en train d'oublier tout ce que je savais : les noms d'arbres et de fleurs, les lettres de mon nom, *rosa rosae,* la droite et la gauche... Combien la courte fête de notre couvent à Rupertsberg avait peu duré. De quelle manière pourrais-tu m'aider, Seigneur ?

La nuit passée, je me réveillai pleine de viridité. Je savais ce que je devais faire.

En réalité il ne s'agissait pas d'une idée jaillie de mon esprit, mais d'une impulsion qui contenait à la fois de l'audace et la volonté qui naît de la foi et d'une certaine innocence.

Ce n'était pas pour moi que je voulais Volmar, même s'il m'était très cher.

Je devais affronter l'épreuve qui m'était donnée et aussi Kuno qui, inconsciemment, s'en était fait l'acteur.

Dieu n'aide pas ceux qui l'attendent en gardant les mains dans leur giron.

Ce matin-là une carriole était arrivée, amenant une femme atteinte de fièvre tierce. Je la fis installer sur un de nos lits vides. En retour, je demandai à ce que l'on me prête un cheval.

Je partis seule, malgré les cris de Richardis et des autres. Je n'étais plus montée à cheval depuis mon enfance, et pourtant tout était facile. Au fond, il y a certaines habitudes que nous n'oublions jamais, comme les vieux sentiers affleurent sous l'enchevêtrement des broussailles. Quelques heures plus tard j'arrivai au couvent.

Kuno était en réunion dans la salle capitulaire et je me présentai sans me faire annoncer.

Que pouvait-il m'arriver, puisque j'avais déjà tout perdu ?

J'allai droit sur Kuno et je le regardai bien en face. Il n'était pas un basilic et je ne fus pas transformée en pierre.

Au contraire, son visage, à peine éclairé par le trépied qui se trouvait à côté de lui, me sembla tout à coup celui d'un mélancolique, aux yeux secs, froids et décharnés. Un de ceux qui, jamais contents de rien, s'ingénient à se rendre malheureux tout seuls en s'infligeant cent piloris dans le cœur.

J'écourtai les choses : je lui redis qu'il nous avait tout pris, toutes les choses qui *de iure* nous appartenaient et que nous pouvions revendiquer en faisant appel à l'autorité des familles qui m'avaient confié leurs filles, à moi et non à lui. Mais Volmar n'était pas un domaine, un troupeau ou dix acres de terre, il n'était pas une chose dont on pouvait faire commerce. S'il avait été chargé *ad primum* de notre formation spirituelle, celle-ci n'était pas terminée. Et de plus, il nous avait privées du seul ministre de Dieu en mesure de nous administrer les sacrements, et pour cette impudence je recourrais directement au Saint-Père.

Donc, il pouvait garder tous nos biens, mais Volmar revenait avec moi.

Peut-être était-ce dû à mon argumentation décidée, à la précipitation et à la surprise de la scène que je lui avais faite, ou parce que le Seigneur en avait décidé ainsi, Kuno, blanc comme le sel, s'installa dans un silence tellement long qu'il fut interprété comme un silence de consentement.

Volmar se leva de son siège et vint vers moi : nous avons pris ensemble le chemin de la sortie, suivis par un silence rempli de regards.

Sans plus tarder je remontai à cheval. Volmar reprit très vite sa besace légère et me suivit, à pied.

Le soir tomba peu après, mais le Seigneur voulut que la soirée soit douce, sans voiles autour de la lune qui argentait le sentier de lait. Nous parvînmes au couvent, comme dans notre nid, un peu avant Matines.

- XLIII -

Une cigogne fit son nid sur notre toit et le printemps arriva.

À peine les douces silhouettes des arbres repoussèrent après la saison sèche que dans nos cœurs aussi sembla pousser une montagne d'herbe. Tout se mit à aller mieux.

De nouvelles filles arrivèrent de la région et d'autres contrées lointaines, en même temps que l'aumône versée par tous ceux qui voulaient de moi un remède, un conseil ou une bénédiction.

L'archevêque de Mayence nous dota d'une tour et d'un moulin, parce que, disait-il, nous avions redonné de l'éclat à ces terres de Bingen qui n'étaient connues jusque-là que par leurs truites dans la saumure.

On installa de nouvelles pièces au couvent. Et arrivèrent aussi les instruments pour la musique et la peinture, les livres reliés en cuir de Cordoue, les hauts candélabres et un crucifix fait en or à la beauté éblouissante sur de merveilleuses plaques d'émail. Les roses revinrent dans le jardin, en même temps que les lys, les capucines et les herbes parfumées. Et on nous offrit des tourterelles, des colombes, et même un paon qui en criaillant nous fixait dans le rond des yeux, en étalant la gloire de ses plumes.

Rupertsberg, quand nous l'avions trouvée, était la dernière croix d'air au-dessus d'une roche nue battue par les vents ; maintenant c'était un petit jardin d'Éden suspendu, un lieu où célébrer la Beauté. Qui pour nous n'avait rien à voir avec le pouvoir et la possession, comme pour Kuno ; mais qui était intrinsèque à l'Être même, comme le paon, qui nous enseignait que la beauté ne s'épuise pas elle-même dans l'acte de s'offrir, mais qu'elle est un simple élan de l'Être.

Aussi j'enseignais à mes filles que marcher sur l'herbe était également une prière, avec les sandales attachées à la ceinture, les cheveux détachés sans voile, enivrés d'air et du baume des fleurs.

Bien des années plus tard, Tengswindis, abbesse d'Andernach, me fit des reproches en disant : *Il est venu jusqu'à nos oreilles de nombreuses rumeurs concernant votre habitude pour le moins insolite de laisser vos filles les jours de fête s'envelopper de voiles immaculés, et se mettre sur la tête des couronnes tressées de manière sophistiquée ; et en plus, leurs doigts sont ornés de bagues, leurs cous de colliers, leurs oreilles de boucles décorées de pierres précieuses. Et tout cela bien que les Pères et les Pasteurs de l'Église l'aient interdit par de nombreuses exhortations, en considérant que les femmes doivent être vêtues de manière modeste, et non avec les cheveux bien coiffés, en étant ornées d'or, de perles et de vêtements précieux.*

En un certain sens, Tengswindis était dans l'erreur, parce que ce qu'on lui avait raconté n'avait pas seulement lieu les jours de fête.

J'avais décrété que mes moniales ne revêtiraient pas l'habit noir, qui est une couleur faite pour engloutir la lumière. Le noir était pour moi comme une nourriture amère. On l'imposait aux moniales non pas tant comme la couleur du renoncement et de la prudence, mais presque comme une présomption de privilège, parce que c'est la teinte la plus coûteuse. Le blanc convenait mieux, ou le vert tendre, et il fallait que l'étoffe soit souple, caressante au toucher, car la peau est le revers de l'âme et elle nous a été offerte en don, toute parfaite et compacte dans sa tendresse. Dieu m'est témoin que ce n'est pas par vanité que j'ai décidé de ne pas leur couper les cheveux. Les parents me les confiaient, mes chères filles, toutes effrayées et tremblantes. Même celles qui avaient exprimé le désir d'entrer au monastère, *sua sponte,* je les entendais sangloter les premières nuits, et invoquer leur mère ou leur nourrice. Puis elles se mettaient à aimer Rupertsberg comme leur chez elles, comme on aime un enfant ou un époux. Parce qu'il est possible d'aimer un endroit comme on aime une personne. Pourquoi leur couper les cheveux ?

Quand elles marchaient ensemble avec leurs tuniques souples et leurs cheveux juste retenus avec un peigne en os, je pensais qu'elles portaient les couleurs de la lavande, des belettes, des renards fauve, des loutres douces et lustrées. Tout comme mes cheveux prenaient la couleur de la cendre du soir.

À qui viendrait-il à l'esprit de plumer un paon, d'arracher les bourgeons des arbres et de recouvrir une colombe blanche d'une livrée noire ? Pourquoi leur apprendre à garder leur visage caché plutôt que de l'offrir au monde, de la même façon que la nature offre ses paysages ? Certains animaux soumis au joug ont pour caractéristique de garder leur museau aplati par terre. Pourquoi devrait-il en être de même pour les femmes ? Pour elles, au contraire, c'est une chose sainte que leur museau se transforme en visage et en regard, qui est quelque chose de plus que les yeux, parce que c'est le principe même de la grâce qui se donne. Pour les rites de la fête nous tressions des couronnes de fleurs et d'herbes avec des rubans, et avec les bijoux qu'elles avaient conservés, de façon à ce que les baies rivalisent avec les rubis et que le gui fasse ressortir les perles, à l'éclat pur de la lune. L'or sur leurs doigts enchâssait la perfection de deux paumes nues tournées vers le ciel.

Je savais que les Pères de l'Église recommandaient l'abstinence et la mortification de la Beauté, dans laquelle ils ne voyaient que disgrâce, malheur et folie. J'avais lu leurs paroles, certains prédicateurs me les répétaient, ils venaient au couvent aboyer contre nous – qui ne dérangions pourtant personne.

L'un d'eux apparaissait tous les dimanches en hurlant qu'il nous fallait nous couvrir le visage et adorer les plaies de Notre Seigneur en nous habillant en vêtements de deuil. Il hurlait avec une bouche énorme et des dents comme celles d'un molosse, trente-deux pierres. Mes moniales étaient semblables aux femmes qui me rendaient visite dans les visions de ma Lumière, belles comme Ève, notre première mère, qui ne fut pas créée à partir de la boue, mais de la chair vivante d'Adam ; et qui m'apparut majestueuse, s'élevant de la terre jusqu'au ciel. Toutes ces femmes admirables, je ne les ai jamais vues vêtues de noir ou avec le regard dissimulé, abaissé jusqu'à terre ou enveloppées de voile. Jamais. Je les ai toujours vues s'élancer vers le ciel comme des proues, avec le visage qui s'offre en cadeau au regard, en se dressant droites comme si elles traçaient dans l'air leur propre route. Dans l'une des visions que je rassemblai ensuite dans le *Liber Divinorum Operum,* une image rayonnante de splendeur m'apparut à l'orient : c'était une figure de femme, elle portait une robe de soie blanche et par-dessus une tunique verte ornée de perles colorées, avec des boucles d'oreille, des colliers sur la poitrine et des bracelets en or très pur incrustés de pierres précieuses.

Et l'explication que j'en tirai est que le fils de Dieu s'est incarné dans une femme.

Qui l'a accueilli dans la beauté de sa virginité, qu'on ne peut pas seulement réduire à ce qui touche au corps. Vierge est la femme qui reste fidèle à elle-même et se laisse traverser par l'autre que soi en préservant son âme, contenue dans son corps comme dans la chambre royale nuptiale.

Comment une femme peut-elle engendrer un fils et rester vierge, l'homme ne le comprend pas, parce que lui fait usage et commerce du corps de la femme.

Mais chaque femme le comprend : au moment où elle croise ses mains sur sa poitrine, elle se donne totalement à l'autre en restant elle-même, comme le fit la Vierge Sainte.

C'est pour cela que mes filles endossent un vêtement blanc, qui les consacre à elles-mêmes, et vert, parce que, à l'égal de la Nature, elles sont des images de sa plénitude ; et elles portent des perles, qui sont à l'image de globes de lumière pure, toute féminine, et l'or encastré de pierres précieuses qui ornent ces parties du corps à travers lesquelles se manifeste leur vertu : les oreilles avec lesquelles elles écoutent, le cœur qui aime et qui accueille, les doigts et les mains qui apprennent le soin et la prière.

Il est vrai qu'avec mes moniales nous utilisons une langue inconnue des autres et que nous sommes les seules à comprendre.

Cette habitude aussi n'a rien à voir avec la vanité, ni avec un orgueil excentrique, comme certains l'ont insinué.

C'est l'amour même qui demande quelquefois à recréer une nouvelle réalité, par laquelle, ce qui pour les autres est une énigme, est pour nous la substance claire d'un son et d'une signification. Les amants font naître spontanément un jargon avec lequel ils se comprennent. Certaines paroles commencèrent à nous venir spontanément quand nous composions de la musique et que nous accompagnions les notes par notre chant. Nous inventions une nouvelle langue et avec elle une nouvelle grammaire du monde, où l'amour était plus fort que tout arbitraire et où le devoir cédait la place à la gratuité : *O orzchis Ecclesia, armis divinis praecinta et hyacintho ornata, tu es caldenia stigmatum loigolum et urbs scientiarum. O tu es etiam crizanto in alto sono et es chorzta gemma.*

Des mots comme *orzchis, chortza* m'inondaient d'une lumière soudaine, comme s'ils étaient en moi depuis toujours et que je m'avançais vers eux sans erreur, avec le trait sûr de qui reconnaît les lettres de son propre nom. La signification de ces mille paroles était connue de nous seules.

Ce n'était pas des paroles d'ombre et de crypte, comme c'est l'usage dans les sectes ou les petites assemblées.

C'était un code de l'âme : chaque fois que nous l'utilisions, s'entrouvrait pour nous ce monde merveilleux de lumière auquel nous nous étions consacrées, et qui demandait des mots nouveaux, jamais venus auparavant sur d'autres bouches, et qui ne s'étaient pas abîmés à l'usage, comme ceux qui dans les contes ouvrent des verrous magiques.

Ainsi, entre nous, cette langue nous montrait la connaissance, mais nous laissait entrevoir également que la vérité résidait aussi dans les paroles que nous taisions.

- XLIV -

Je dois maintenant revivre avec l'esprit et avec le cœur cette douleur qui me brisa.

Chacun de nous doit survivre aux nombreuses morts désastreuses et successives qui semblent, à chaque fois, nous réduire à l'anonymat des pierres. Mais de toutes les souffrances, il y en a toujours une qui à chaque fois nous écrase en un point sur le côté. Et il nous semble que toute la vie d'avant se tient sur l'autre rive et que nous, comme si nous étions morts, nous survivons de l'autre côté.

Ce point de douleur pour moi fut Richardis.

Richardis était la fille. Et quand elle veillait à côté de mes lits de souffrance, elle était la mère. Quand elle chantait elle était l'ange. Et par ses conseils elle était la pierre de touche. C'était elle qui inaugurait et concluait mes journées, comme un anneau sigillaire.

Je parle d'elle et je la sens encore rôder autour de moi, j'entends s'éloigner ses sandales silencieuses qui semblent ne pas toucher terre. Quelquefois, tandis que je prie, son nom me monte aux lèvres et quand je le prononce c'est comme si je dessinais une caresse dans l'air. Richardis.

Un jour elle vint me parler et je sentis mes entrailles se serrer : la vieille abbesse de Birsin étant morte, elle avait été appelée pour occuper ce poste. Elle prenait congé et me demandait ma bénédiction avant de partir.

Le trafic qui était derrière tout cela était bien clair : Éric, l'archevêque de Mayence, et Hartwig, son frère, avaient troqué et acheté cette charge pour elle.

De cette manière le prestige de la famille von Stade se renforçait en gagnant du terrain et en augmentant son autorité contre les prétentions du roi Henri le Lion qui s'opposait à eux.

Richardis était la fleur la plus splendide et la plus resplendissante de notre jardin, et c'était justement dans un jardin qu'elle avait grandi. Qu'avait-elle en commun avec les hommes de sa famille, plus habitués à intriguer dans l'antichambre des cours ?

Tandis que Richardis parlait, je voyais pour la première fois en elle une attitude découverte chez sa mère : un cou rigide qui tenait toute sa tête en un parfait aplomb, lui ôtant toute miséricorde.

En certains moments on voit réapparaître chez les gens l'esprit des familles avec leurs accidents physiques, leurs tares héréditaires, comme lorsque se fait entendre l'appel de la chasse.

Richardis dit en quelques mots qu'elle avait déjà accepté cette charge.

Elle coupa court à mes remontrances. Elle s'était déjà préparée à ce que je pourrais lui dire : moi aussi, quand je m'étais transférée à Rupertsberg, je m'étais servie des bons offices de son frère et de l'archevêque de Mayence. Il est évident que, pour des raisons qui nous étaient inconnues, la Lumière peut se servir de n'importe quel ministre pour mener un dessein à son terme. Elle n'avait pas tort.

Et pourtant, quand je tombai à ses pieds en lui étreignant les genoux et la suppliant au milieu des larmes, je sentais dans mon cœur qu'elle était en train de se renier elle-même.

Mais chacune de mes paroles était jetée dans le néant, parce qu'elle semblait simplement motivée par l'amour exclusif que j'éprouvais pour elle. Et il y avait sûrement du vrai en cela.

J'aimais profondément Richardis. Sans elle j'étais comme une terre détrempée.

Je veillai cette nuit-là et les suivantes en prière, dans l'attente qu'une vision me soit montrée.

Mais il était clair que tout ce que je demandais pour ma propre vie ne m'était pas accordé. Si pour les autres je réussissais à voir, en ce qui me concernait j'étais plus aveugle qu'une taupe au fond de sa fosse.

Ce furent des jours de linceuls amers et de pleurs, et de paroles encore plus douloureuses enfoncées avec force dans ma bouche emmurée. Je tentai tout ce que je pouvais. J'écrivis à sa mère : *Je vois ma fille Richardis resplendissante dans la lumière de l'aube et ornée des perles de la vertu. Ne permettez pas que par votre bon vouloir ou avec votre aide elle soit éloignée de la grâce divine. La charge d'abbesse que vous désirez certainement pour elle ne favorise pas le salut de son âme.*

J'écrivis à Hartwig. Je menaçai l'archevêque de Mayence : *Pères, pleurez, repentez-vous parce que vous ne savez pas ce que vous faites, quand vous rendez les charges divines, qui ont leur origine en Dieu, esclaves de l'argent. Vos jours sont comptés ; souvenez-vous que Nabuchodonosor est tombé et que sa couronne gisait dans la poussière et que bien d'autres sont tombés pour avoir eu l'audace de vouloir défier le Ciel et de s'en moquer.*

J'osai même en appeler au pape Eugène. Mais, à ce qu'il paraît, ce qui me scandalisait – le fait que les supérieurs ne soient plus choisis par les communautés, mais par des hommes en lien avec le monde – était devenu une habitude considérée comme honorable.

Richardis m'affronta à visage découvert et nous nous heurtâmes l'une contre l'autre, comme le font d'instinct les animaux qui doivent marquer leur territoire.

Chacune de nous pensait avoir raison, mais je le faisais avec plus de suffisance, peut-être comme le font les mères qui ne veulent pas qu'on leur arrache leurs racines. Je voulais seulement lui faire comprendre qu'en se pliant aux caprices du monde elle perdrait son splendide équilibre, qui est la qualité première d'une vierge. Ou peut-être était-ce l'amour qui me faisait m'agiter. Petites âmes que nous sommes.

Épuisée par cette lutte, elle s'écroula et se mit à sangloter : « Laisse-moi, mère. Laisse-moi partir, mère. »

Je reculai alors pour mieux la voir. Ces jours derniers l'avaient usée, ses épaules étaient devenues étroites et graciles, ses mains encore plus diaphanes. Je la relevai de terre et lui dis alors : « Va, éloigne-toi vite de moi, si tel est le chemin que tu dois parcourir. Élève ta vie, lance-la comme tu le fais avec ton chant, fais-toi l'interprète de la voix du ciel et rejoins où que tu sois le centre pur et immobile qui est en toi-même. Comme tu sais le faire. Avec la perfection qui est la tienne. C'est là ton destin, tu n'as rien d'autre à faire. Ta véritable œuvre, c'est toi. »

Elle se détacha alors de mon étreinte, en faisant sur elle ce peu de violence que nous devons adopter quand nous déchirons de la soie. Et je restai immobile, peut-être pendant des heures, sans même parvenir à prier.

C'est ce qui se passe quand on se laisse vaincre par l'amour qui, même s'il est fait d'esprit, nous réduit au poids de terre de la matière. En ce moment-là j'étais immobile et inerte comme une enclume. Assise par terre, j'enserrai mes genoux et restai immobile.

Richardis partit ce matin-là. Nous étions dans la longue fin de l'hiver, quand le soleil ne réchauffe pas et que l'aube s'attarde sans annoncer le jour. Partout ce n'était que squelettes d'arbres, pierres nues et boue. Le couvent, comme mon cœur, ressemblait à un cimetière de statues.

Les jours passèrent et les cigognes revinrent avec leurs plumes immaculées qui tombaient en flocons.

Même la plus grande souffrance devient notre amie comme un animal de compagnie, elle s'intègre à notre vie comme chez les convalescents qui, en même temps que leur soupe chaude, retrouvent petit à petit le désir de vivre et de se sentir vivants. Sans désir de vaincre, pourtant, avec plus d'innocence.

J'évitais de penser à Richardis pendant la journée. Mais après les complies quand je me couchais, un peu avant que les brumes cimmériennes du sommeil ne fassent fondre la volonté, j'enquêtai à son sujet. Je me posais des questions aussi distantes et immenses que les astres dans lesquels je cherchais à entrevoir la courbe de son destin, maintenant qu'elle était seule. D'autres questions étaient plus détaillées, plus fugaces et pressantes, je me demandais par exemple si elle souffrait encore de ce que nous appelions le mal de la lune, durant les jours de menstruations, ou si elle avait dû se couper les cheveux et à quoi elle ressemblait dans un habit noir.

Je lui écrivis dans une lettre : *Chaque fois qu'il m'est arrivé d'aimer quelque chose ou quelqu'un qui ne soit pas mon Dieu, je me suis procuré ma propre souffrance. Ce n'est pas toi que j'accuse, mais notre nature terrestre, qui décline et laisse place à la fumée noire de la mélancolie. On doit regarder en haut, comme l'aigle qui fixe ses yeux dans le soleil, parce que les créatures humaines, même les plus nobles, tombent comme des fleurs coupées. Il ne faut pas obscurcir cette Lumière qui seule peut nous guider en cette sombre région sublunaire. Souviens-toi de ta pauvre mère Hildegarde, fille de mon cœur, et sois heureuse.*

Un soir, en fouillant parmi ces demandes qui exploraient toujours le néant, je la sentis terriblement proche, comme un léger frémissement d'étoile qui vient d'une autre vie.

Quelque temps plus tard, je reçus une lettre d'Hartwig. Je la tins longuement dans mes mains, sans l'ouvrir.

Un jour passa. En réalité je savais déjà ce que soupçonnait mon grand silence. Puis je lus : *Je t'informe que Richardis, notre, ma, et même ta sœur, la mienne par les liens du sang, la tienne par ceux de l'âme, est entrée dans la vie éternelle. Jusqu'au dernier instant elle désirait dans son cœur entrer dans ton couvent. Si tu penses encore que Richardis a eu des torts envers toi, sache que c'est de ma faute. Dieu saura te récompenser du bien que tu lui as fait et que tu nous as fait.*

Je lui répondis sans lui faire de reproches, avec les seules paroles de mon *planctus : Dans mon âme il y avait pour elle beaucoup d'amour et de charité. Mais Dieu l'a aimée davantage. Ainsi il n'a pas voulu donner son aimée à un amant rival : le monde.*

C'est ainsi que s'en alla Richardis, durant la très brève saison où elle voulut se chercher elle-même en essayant les routes du monde. Les questions que je me posais pendant la nuit s'apaisèrent alors.

La vie de Richardis, comme celle des astres, m'apparut ainsi unique, conclue et magnifique.

Je me promène toujours en la gardant à mes côtés et, si je regarde le ciel, je me figure que mes étoiles sont les mêmes que celles qu'elle regarde, et que ma neige tombe aussi dans son ciel.

De temps en temps je sens une douleur aiguë me traverser comme une flèche si, soudain, ses pieds d'enfant aux pointes rosées me reviennent en mémoire. Et j'essaye de me libérer de ces affections jalouses et cruelles, quand je tresse une couronne et que je pense que ses mains ne toucheront jamais mes fleurs.

Puis je cherche des ancrages en moi et je me fixe dans cette Lumière dans laquelle nous avons replacé tout salut. Et si je parle encore d'elle, je cherche une langue différente, un dictionnaire vierge fait de lettres intactes endormies dans l'eau, ou alors des mots sans forme et sans couleur, comme la respiration. Je l'écris alors dans ma musique.

- XLV -

Quand Adam était innocent, sa voix était semblable à celle qu'entonnaient les anges.

Mais Adam perdit cette voix lorsqu'il fut projeté sur la terre, qui était nue comme un immense ossuaire. Dieu eut pitié de lui, il le vêtit d'une tunique de peau et lui laissa le don de la musique comme gage du paradis perdu. Mais le Démon, l'antique serpent, s'aperçut que l'homme s'était mis à chanter et à essayer d'atteindre des hauteurs indicibles en soufflant dans des morceaux de bois et en pinçant des boyaux d'animaux et il devint fou de jalousie. Parce que là où est le Démon il n'y a pas de musique. Mais seulement une voix monosyllabique, inflexible, qui ne s'élève pas de terre.

Jutta et sœur Pauline m'avait appris l'essentiel : lire et écrire des neumes, chanter la tête bien droite et la gorge libre, pincer les cordes du psaltérion. Mais toute la vie du couvent était imprégnée de musique.

Le Livre des Heures scandait nos journées avec le chant : Matines, quand il fait encore nuit et que l'on attend la lumière comme on attend la venue de l'époux ; les Laudes, quand la voix célèbre le miracle du jour qui se renouvelle ; la première heure, la tierce et la sixte, qui accompagnent la montée du soleil comme un fruit arrondi ; la neuvième heure, quand la lumière est rayonnante et que la musique invite sur les terrasses de la joie, avant les Vêpres, quand le soir s'approche. Alors la musique nous accompagne jusqu'à la confiante solitude de la nuit, quand arrivent les Complies, et que le chant dans les ténèbres aide à refaire à reculons le chemin du jour pour en inaugurer un autre, en devenant plus léger.

Volmar, plus tard dans ma vie, m'apprit ce dont j'avais besoin pour donner forme à ce qui me semblait être une bonne mélodie.

Pourtant, j'avais beau m'exercer, je n'aurais pas été meilleure que ces animaux que l'on dresse pour chercher des truffes dans la forêt.

C'est la Vision qui me révéla les catégories du son. Qui ne sont pas seulement, comme on nous l'enseigne, au nombre de trois : *vox, flatus* et *pulsus.* La musique du ciel est un merveilleux concert où tout semble écrit en lettres de diamant, et où tout a pourtant la légèreté de l'éther. Ça, c'est une nouvelle catégorie que j'aurais ajoutée à la musique : *levitas.* C'est-à-dire le vif bonheur qui élève la respiration, en entrouvrant les yeux et en allant plus loin, en cherchant des sons étonnants. Capables de rompre n'importe quel silence, n'importe quel son déjà écrit.

La musique vint ainsi, comme l'écriture. En suivant un rythme d'eau claire, *sic et simpliciter,* sans rime et sans mesure – comme on m'en a fait le reproche.

J'osai inventer des thèmes et les moduler dans les différentes tonalités ; mais avec parcimonie pourtant, pour ne pas transformer la musique en un débordement qui soit une fin en soi.

L'inspiration réduisait les tonalités juste à trois, en élaguant tous les oripeaux. La voix s'élançait ainsi plus libre, en abandonnant tout grincement de dents.

Je mis par écrit à peu près une soixantaine de compositions, ou peut-être un peu plus : séquences, hymnes, antiennes, chants d'alléluia, chansons. Parmi ces dernières, en célébrant *Ecclesia,* le chant d'Ursule et de ses compagnes, les douze mille vierges, belles comme des perles enchâssées en couronne, une par une. Dans une louange à la Vierge Sainte, je la représentai comme *viridissima virga,* branche toujours verdoyante qui, au milieu des rafales de vent, laisse s'épanouir la fleur parfumée de baume, et fait naître le pain des entrailles de la terre et les pâturages pour les agneaux, les fruits dont se nourrissent les êtres humains.

Cette œuvre, que j'appelai *Ordo virtutum,* je l'écrivis tout de suite après le départ de Richardis.

À la nouvelle de sa mort, tandis que la douleur au début me faisait sortir de moi-même en m'expédiant au loin, sur le bord effondré de l'abîme, la musique me ramenait en moi dans la clarté.

Et j'écrivis une louange pour elle. Une *Symphonie des vierges* dans lesquelles mes filles, habillées en vêtements clairs et couronnées de perles, représentaient chacune une vertu. Elles étaient au nombre de vingt, comme les consœurs qui étaient avec moi à l'époque de Rupertsberg, et qui s'appelaient : Chasteté, Humilité, Amour Céleste, Miséricorde, Charité, Foi, Patience, Discrétion, Innocence, etc.

Elles entraient sur scène en dansant et en chantant. En réalité cette œuvre était un drame, car elles formaient un cercle, comme dans l'arène des théâtres antiques, où apparaissait un personnage que j'appelai l'Âme. Au début elle était innocente et heureuse, puis elle commençait à dépérir, parce qu'elle s'enfuyait du royaume des Vertus pour faire son expérience dans le monde.

C'est en 1152 que nous avons mis cette œuvre en scène pour la première fois, quand l'église du couvent de Rupertsberg fut agrandie.

Et la surprise ne fut pas des moindres pour les hôtes que nous avions invités – parmi lesquels des messagers impériaux et le légat pontifical – lorsqu'ils virent les moniales danser couronnées de perles. Mais plus encore quand entra en scène Volmar qui représentait le Démon.

Le rôle de son personnage était de tenter l'Âme, en lui promettant la connaissance et les faveurs du monde. Le Démon devait être le seul personnage à ne pas s'exprimer en musique ; sa musique devait avoir quelque chose de la sécheresse du vacarme, du grondement, de la lumière écorchée.

De la même manière, son corps devait se traîner de manière mielleuse, pesante et penchant obstinément vers la terre.

L'interprétation de Volmar fut magistrale, encore plus grâce au maquillage de son visage, où le noir de la suie faisait apparaître le regard des yeux comme une nuit sans fond et grâce à son costume fait de bandes de gaze malpropres. Les Vierges qui se dressaient au-dessus de lui, blanches comme la Tour du Liban, devaient, chacune à sa manière, encourager l'Âme à ne pas dévier et à reconnaître son lieu premier, jusqu'au finale où, dans un registre très élevé, Humilité et Victoire la soutiennent. En laissant s'échapper de leur gorge des mélismes de joie, comme d'une fontaine.

Ainsi je me figurais que Richardis était encore parmi nous, et non pas épuisée par son inutile lutte, telle qu'elle était : limpide et parfaite dans sa mandorle de lumière. Prête à danser en tendant les bras, comme les mains d'un enfant qui veulent capturer l'eau.

- XLVI -

En attendant le couvent s'agrandissait, de nouvelles jeunes filles nous rejoignaient, amenées par les familles avec leurs trousseaux d'épouses, leurs rêves légers, leurs terreurs nocturnes, leurs tresses qui descendaient jusqu'au talon et que je ne voulais pas couper. Et c'est ainsi que tu arrivas, Adélaïde, par un matin froid, en même temps que les premiers lichens de l'automne. Ta grand-mère t'accompagnait, cette marquise von Stade qui avait eu tant d'importance dans mon destin. Quand elle s'approcha du cercle du regard, je mesurai combien le temps avait passé : sa peau n'avait plus d'éclat, son cou diamantin s'était un peu ramolli, ses lèvres étaient toujours réticentes comme un sceau qui ne s'entrouvre que de temps en temps, lorsqu'il y a quelque chose à dire. Jamais pour demander.

Ta grand-mère voulait que je veille à l'éducation de la fille de sa fille, Liutgarde reine du Danemark, comme je l'avais fait pour son autre fille, Richardis.

Pour ne pas créer d'équivoques, je compris tout de suite le grand projet que la famille avait pour toi, encore plus grand que celui qu'elle avait conçu pour Richardis : devenir l'abbesse de Gandersheim. Le couvent le plus puissant, un centre de sagesse et d'étude, en plus que de pieuse spiritualité, grâce au nom de l'abbesse Roswitha qui avait éclairé le siècle par ses œuvres. J'acceptai.

Et tu fus donc admise en ma présence.

J'enfouis dans mon cœur la crainte de voir apparaître, comme un linceul aérien ou un spectre, une nouvelle image de Richardis. Tu portais une simple coiffe de toile, attachée sous le menton par une bande de tissu qui te faisait de tendres joues de petite fille. Je soulevai ton visage de la main pour voir tes yeux, que tu gardais baissés : ils étaient verts, baignés de larmes. Tu tremblais. Tu n'étais pas Richardis – j'en remerciai Dieu – tu étais différente d'elle, qui m'était tout de suite apparue comme à la fois commencée et finie. C'était sa grande qualité, mais aussi sa limite.

En te voyant, je me souvins de moi, la première fois où je me trouvai face à Jutta. Chétive. Avec dans les yeux la tristesse des bêtes et leur tremblement.

Il était évident que nous n'avions pas été trop aimées par nos mères.

Cela nous rendait toutes deux affamées, en manque, toujours déséquilibrées par l'amour.

Mais avec le temps tu t'es mise à comprendre toi aussi qu'aimer signifie perdre l'équilibre, expérimenter chaque fois quelque chose de vertigineux pour sortir de soi. Une façon si différente des hommes qui parviennent à rester solides comme l'enclume.

Peut-être qu'être femmes veut dire être dépossédées de cette gravité, chercher comme un aimant la force qui nous attire ailleurs. Comme si la carence était un état de l'être, une porte ouverte.

- XLVII -

Tu te souviens quand je fus invitée à parler dans la cathédrale de Bingen ?

Volmar et toi m'accompagniez. Les nefs qui s'ouvraient largement vers le haut, selon la nouvelle mode, semblaient remettre mes paroles à tout vent. Une colombe entra tout à coup en agitant les ailes, attirant notre attention jusqu'à un point élevé, où elle se posa sur une corniche.

La peur me tirait vers le bas. Mais cela ne dura qu'un instant.

Puis je pris la parole en récitant un sermon que j'avais d'abord élaboré avec Volmar point par point, en commentant les dires obscurs de Jérémie lorsqu'il annonce la venue du « juste rejeton » de David.

Peu à peu mon discours me réchauffa, en chassant cette pudeur qui restreint toujours pour les femmes le monde qui les entoure. Je ne lisais plus mon texte, je parlais librement. Et en même temps je communiquais avec les gens qui se trouvaient face à moi et me regardaient de tous leurs yeux : ceux des vieux étaient prêts à capter les choses et baignés d'humeur, ceux des mères qui avaient des enfants dans les bras étaient emplis de bonté, ceux des jeunes étaient langoureux, et je lisais de la suspicion dans les yeux de certains aux dents implacables. Je sentais à ce moment-là que tout était possible, que la seule chose que je pouvais faire était de laisser faire, laisser passer.

Car tout ce qui est impossible est déjà dans le réel, comme la résurrection est déjà dans la chair. Même dans celle du lépreux qui, placé à l'écart, tendait vers moi ses mains amputées, sa peau oxydée et rouillée comme des herbes mortes.

Ce soir-là nous fûmes toutes les deux hébergées dans la maison d'une riche veuve, et je fus stupéfiée quand je vis l'énorme tas de clefs qui pendait à son cou comme une breloque. La salle haute et vaste était nue. Mais on y installa tout de suite deux lits avec des matelas de plume entourés de gazes légères. Ainsi que des petites tables où ils posèrent de la soupe avec des galettes, un chapon engraissé et bouilli, des fromages délicats dans des paniers de saule tressé, des pommes chaudes, des noix, et un fruit que je n'avais jamais goûté jusque-là. Il avait la couleur des pommes du Jardin des Hespérides et une saveur de Paradis, par le goût et par l'odeur. On donnait à ce fruit, qui venait de pays où la Nature reste longtemps à l'heure du soleil, le nom d'orange.

Même dans ce repas, qui était un peu celui d'un conte de fées, il me sembla que tout pouvait arriver.

- XLVIII -

L'écho de ce sermon donné à Bingen eut pour conséquence que d'autres villes sur la rive du Main m'invitèrent à venir parler. Ainsi, ces années-là, j'abandonnais de temps en temps le couvent et, accompagnée par une de mes filles, je me mettais à l'eau sur des bateaux ou des barques si nécessaire, ou bien je montais des juments et des mules, avec des chariots et des litières, ou encore j'allais à pied d'un bon pas.

J'avais l'impression que le fait de voyager de temps en temps était comme l'un des élixirs qui tonifient le corps, éloignant cette fâcheuse habitude qui fait que le monde rétrécit comme une triste étoffe autour de nous.

Lorsqu'on voyage les sabots du jour deviennent moins lourds.

Levitas, me disais-je. Voyager c'est aussi de la légèreté, c'est étendre ses bras comme des ailes plutôt que de les secouer comme des rames.

Quand je m'adressais aux foules, je voyais dans les corps la fatigue de l'existence : des cous inclinés, des thorax fermés, des dents serrées dans de fortes mâchoires, des femmes au ventre froid comme des grenouilles.

Je sentais chez les gens la volonté de chacun d'être appelé par son nom et invité à lever les yeux, à respirer dans la cage de ses os, à laisser couler le sang dans des veines souples.

Nous étions sur le point de traverser le Rhin, près de la ville de Redesheim, quand je me trouvai face à une femme peut-être jeune, mais desséchée par une peine trop grande pour elle. Elle me tendit le petit bébé qu'elle tenait dans les bras : « Mon fils est aveugle de naissance, guéris-le ! »

Elle prononça ces paroles en criant : il y avait des pierres dans sa voix. Elle avait peut-être beaucoup prié et imploré, elle avait tout tenté sans rien obtenir. La plus malade des deux c'était elle, car elle avait perdu toute sa foi.

Il fallait que le Christ puisse la toucher, comme il le fit avec l'hémorroïsse, en arrêtant l'écoulement de ses menstruations qui l'avaient vidée de toute sa substance. Je me souvins que le Christ avait dit : « Va à la piscine de Siloé et lave-toi. » Je me penchai au bord de la barque où je me trouvais, je recueillis un peu d'eau dans le creux de ma main gauche, je la bénis avec la droite et je la versai sur les pupilles de l'enfant.

Celui-ci poussa un cri, comme si la lumière l'avait tout à coup envahi avec mille yeux dans sa nuit. Je vis alors les yeux secs et fermés de sa mère fondre dans la chaude humidité des larmes. Qu'est-ce que j'avais fait en ce moment-là ?

J'avais créé un passage. J'avais transformé l'eau du fleuve en cette eau qui promit un jour à l'homme la vie éternelle. Même si le Jourdain était un fleuve, le Christ y marchait avec des sandales.

La réalité m'apparaissait de plus en plus comme la cire molle sur laquelle Dieu avait imprimé son monogramme. Il suffisait d'être ouvert, de se faire passage, comme un seuil grand ouvert sur le noir de la porte.

- XLIX -

Durant mes voyages il m'arrivait de ressentir les vicissitudes de mon siècle épuisé : dans les intrigues de l'Empire ou de la Curie il y avait partout des nids de salamandre. Ou alors des personnages tellement insipides et légers qu'ils passaient au-dessus des événements comme des pissenlits vaporeux dans un pré.

De tous les noms qui passaient et circulaient, il y en avait un qui semblait échouer sur toutes les bouches : Frédéric de Hohenstaufen. Nous étions en 1154 quand me parvint une invitation à lui rendre visite dans sa résidence d'Ingelheim. Que voulait de moi le Barberousse ? Son impudence était sans gêne : prétendre que je lui rende visite. Mais il était fait ainsi. On me dit qu'il avait la jauge puissante de ces aïeux, les Saliens de haute renommée. De cette hauteur il ne s'inclinait jamais. Et pourtant, disait-on, il savait se montrer aimable et connaissait la grâce du cœur. Il aimait les femmes.

Ses cheveux et sa barbe étaient roux comme une vendange enivrée. Ses yeux d'algue marine ne mentaient jamais. C'est en tout cas ce qu'on m'avait dit.

Il en avait fait du chemin, le Seigneur avait certainement oint sa route d'huile. Les lois de la pesanteur faisaient glisser les choses jusqu'à lui. Au temps de son père, Hohenstaufen n'était qu'une petite colline en forme de cône, où venaient se réfugier les brumes et les oiseaux de passage. Frédéric était l'un de ces nombreux fils mal nantis à qui personne n'avait promis de royaume.

Maintenant il était déjà duc. Il avait accompagné le frère de son père, l'empereur Conrad, pour une croisade en Terre Sainte. Les choses ne s'étaient pas bien passées, on avait réussi juste à temps à ramener dans sa patrie l'empereur épuisé par les fièvres. Tout le monde se ruait au chevet de l'empereur mourant, comme sur un râtelier. Sur le trône de Pierre était monté Adrien IV, un anglais qui, lorsqu'il avait été abbé en France, s'était fait chasser pour son intransigeance.

La Curie n'avait pas de moyens termes ; Adrien était un homme à la nuque raide, prêt à se jeter comme un bélier contre l'Empire.

La curiosité de connaître Frédéric me brûlait intérieurement comme la malaria. Mais en même temps je ne voulais pas lui rendre hommage et je déclinai l'invitation. Volmar me fit des reproches, en me donnant des leçons de réalisme politique : sa protection nous était nécessaire. Et s'il devenait empereur ? Cela aurait été le meilleur bouclier contre l'archevêque de Mayence, dont les prétentions devenaient pour nous des menaces.

Nous étions un monastère où les moniales se gouvernaient elles-mêmes. Une bouchée pour les loups.

« Il ne suffisait pas de scruter le ciel et d'attendre qu'un oiseau m'apporte la prophétie » me dit-il en raillant.

Frédéric était souabe par lignage paternel et guelfe par sang maternel.

Cette querelle entre les deux partis des guelfes et des gibelins avait coupé en morceaux les belles terres d'Allemagne, mais cela pouvait se recomposer. Frédéric semblait être la pierre angulaire. Et j'avais besoin de lui.

La curiosité se frottait à mon flanc comme une chatte.

Je lui envoyai un message, disant que j'acceptai l'invitation. Mais seulement quand je considérerais le moment opportun.

- L -

Je n'attendis pas longtemps. On ne peut pas mettre à sécher certaines occasions comme on le fait pour les fleurs ou les hippocampes. Je ne t'ai pas emmenée avec moi et tu t'en es plainte. Mais tu étais trop belle. Et Frédéric était un poulpe qui ne pouvait s'empêcher d'expulser son encre pour engourdir les sens. Une encre rouge. Il a le tempérament sanguin, l'esprit chaud, le sang vigoureux et les veines pleines.

Chez les gens comme lui, le vent du plaisir descend dans les reins et réchauffe le sang. Sans l'écume des coléreux ou le poison des mélancoliques. Les sanguins savent être, si nécessaire, des amants prudents et pleins de prévenance. S'ils restent seuls ils ne se lamentent pas, ils ne deviennent pas déserts comme un mercredi des cendres.

Mais quand ils trouvent chez une femme le soutien de leurs yeux, ils deviennent les amants les plus aimables.

Jamais comme à Ingelheim je n'ai vu autant de femmes : le long des champs tandis qu'elles se rendaient au village, avec les flancs qui se dandinaient comme des caravanes, parées de colliers de fleurs et de coquillages de rivières. Et à l'intérieur du palais, des joueuses de harpe, des danseuses de castagnettes, des dresseuses de colombes et de souples funambules.

J'emmenai Mathilde avec moi, non pas tant parce qu'elle était la sœur la plus âgée et qu'elle était presque privée de charme. Mais surtout parce que, oblate depuis son enfance et venue ensuite à Rupertsberg avec nous, elle n'avait jamais connu cette partie du monde qui peut se trouver au-delà de la barrière.

- LI -

Mathilde me remercia. Elle découvrit qu'il était beau de partir en voyage à la manière des canards sauvages, de marcher à la lumière du matin et de tremper sa plume dans cet encrier pour écrire chaque jour un évangile différent. Savoir que partout s'écoulent les ruisseaux mais que, dans un autre pays, ils parlent tout doucement à leur manière, comme le font les voix.

Les bruyères défilaient, dans des champs semblables à des paumes calleuses. Et Ingelheim s'annonça de loin, plus petite que je ne l'aurais cru, avec des petites maisons et de petites fenêtres comme dans un jeu de dominos.

Se diriger vers le château, là-haut sur le rocher, était un peu comme entrer dans le cheval de Troie.

Frédéric vint à ma rencontre et me tendit sa main pour descendre du chariot. Il a des yeux de chat sauvage et des moustaches en pointes. Ses cheveux et sa barbe sont comme l'or roux des vignobles du Rhin.

Nous nous sommes scrutés dans les yeux, comme le font les animaux. Dans ma tête essaimaient des abeilles, comme si je ne parvenais pas à avoir une claire perception de cet homme. Je sentais autour de moi son encre rouge.

Frédéric voulait plaire à tout prix.

« Je me figurais que la Sibylle du Rhin avait au moins trois cents ans. »

« Vous êtes prévisible, Monseigneur. Pensez-vous comme tout le monde que la connaissance chez une femme ne puisse venir qu'avec la vieillesse ? »

« J'aime en effet être étonné. »

Un jouvenceau, près de nous, jouait de la musique sur un instrument que je n'avais jamais vu.

« Quelles étranges notes sortent de cette cornemuse qui a presque la forme d'un poumon ? »

Il rit. Il prit l'instrument des mains du jeune homme et me le tendit.

« Il est à vous. Je connais la musique que vous composez. Il en est parvenu quelque chose jusqu'à moi. Vous l'écouterez ce soir, mais de manière profane, car je n'ai pas de moniales à ma suite. »

- LII -

Nous nous sommes reposées, Mathilde et moi, jusqu'au soir. Sur un lit très doux j'ai dormi d'un sommeil de plomb.

En mon honneur ils avaient allumé des feux dans la campagne qu'ils me firent voir du haut d'une tour de guet. Dans le salon, les lampes suspendues au plafond avec des fils de cuivre éclairaient la pièce.

Un feu vigoureux brûlait dans une énorme cheminée dont le conduit était grand ouvert.

Mathilde et moi, nous nous sommes assises à la table haute, avec Frédéric et quelques courtisans, hommes et femmes qui me semblèrent tous avoir des manières gracieuses et courtoises. Sobres dans leur façon de boire et de manger, capables de grignoter plutôt que de se goinfrer, sans salir leurs vêtements, comme cela se faisait d'habitude dans les banquets. Il semblait même que tout leur désir était à la conversation, à la grâce des plaisanteries et à la musique.

Un groupe de jeunes filles vêtues de tuniques vertes et couronnées de roses entonna une de mes séquences. Je n'étais pas jalouse de ma musique, parce qu'elle ne m'appartenait pas. Je n'étais qu'un métier à filer. La musique est partout, comme l'eau ; n'importe qui peut se rendre creux comme une outre et se laisser remplir.

Ces notes que j'avais écrites en les alignant sur une portée, comme des pousses sur un treillis de jonc, devaient s'écouler et se répandre. La musique est une eau qui coule sans déborder et partout où elle s'accumule, elle ne détruit rien. Elles entonnèrent la séquence *Favus distillans,* dans laquelle, en citant la vierge Ursule, je cite le vers du cantique : *Mel et lac sub lingua eius.*

Ces jeunes filles n'étaient pas différentes de mes moniales et ce chant libéré par leurs bouches, écrins de perles à peine entrouverts, ce chant pur, sans le soutien d'aucun instrument, produisait le même effet que s'il avait résonné sous la voûte de notre couvent. La musique explorait le silence des lieux, creusait des vides, des passages, à l'intérieur des corps, soulageait les ennuis de l'existence.

On entendait seulement crépiter l'huile des lampes. Frédéric avait le regard fixe, il était presque devenu comme l'aigle royal représenté sur ses armoiries. Puis je vis une petite larme brillante qui cherchait à se loger sous ses yeux. Cela ne dura qu'un instant. Le chant cessa et lui, comme sortant d'un rêve éveillé, but avidement le vin de sa coupe en gargouillant.

Il se tourna vers moi en souriant, pour goûter la surprise qu'il m'avait procurée. J'étais émue et je le remerciai. Il fit ensuite apporter un cadeau qu'il avait fait exécuter pour moi par ses talentueux maîtres orfèvres, et qui était un moulin à épices, à peine plus grand que la paume de la main, qui tournait autour d'une petite virole de jaspe et de béryl. Pierres qu'il avait choisies tout spécialement parce qu'elles représentaient la foi et la connaissance. Et que c'est avec ces qualités qu'il voulait me définir.

J'ôtai de mon cou un cordon où était accroché un petit sachet de vair : il contenait un gros rubis balais. Il le prit délicatement entre ses doigts, presque comme s'il s'agissait du cristal de sang d'une relique. Je lui suggérai de ne pas le faire enchâsser pour en faire une broche; il pouvait le porter à son cou et au soir le mettre quelque temps dans sa coupe de vin. La pierre libérerait chaque fois dans le liquide sa vertu, qui consiste à cueillir, dans les réalités difformes et vaines, l'amour qui contient tout, comme fait dans le corps le rubis du cœur. Il me sourit encore.

Frédéric ne connaissait pas l'humeur noire de la mélancolie. Ses sourires rapides et ouverts captaient toujours l'attention autour de lui, comme quand le milan sorti des branchages rompt le fil de l'azur.

Il me demanda ensuite de venir à l'écart avec lui, sur deux sièges placés au coin du feu.

Je congédiai Mathilde et, peu à peu, avec des saluts polis et dignes, invités et chanteurs se retirèrent.

« Tu sais déjà certainement ce que je veux te demander. »

« Tu veux t'entendre dire quels sont les astres familiers qui visitent ton ciel. »

« Je veux savoir si je serai empereur. »

Frédéric ne s'embarrassait pas de convenances. La fougue était sa meilleure arme. Comme le tournesol il suivait toujours la ronde du soleil, et en ce moment son soleil était le pouvoir.

Le feu commençait à se consumer; il donna l'ordre qu'on apporte du bois, mais celui-ci, encore plein de l'humidité du sous-bois, se mit à fumer. Il s'impatienta. Je lui dis de se calmer. En cet instant, pour mieux voir, j'avais au contraire besoin de la fumée du feu.

C'était là la limite de Frédéric : il était fébrile, affamé de destin et de vérité.

Mais pour la trouver, la vérité, il faut presque rester immobile. La fumée commençait à me donner les yeux rouges. Cet aveuglement m'aidait, je voyais mieux au-delà de ce qui était devant moi, dans le cône du regard éveillé. Et je vis toute l'existence de Frédéric, d'abord comme sur un cheval, quand on éprouve l'ivresse de la gifle de l'air. L'énergie de cet homme était comme la Nature, avec ses tempêtes et ses accalmies. Je vis tout, mais je ne lui dis que ce qui pouvait être utile. En même temps que mes paroles, je plaçai sous ma langue une semence d'oubli.

Vous serez empereur, plus vite que vous ne le pensez. Pourtant, la hauteur à laquelle vous serez appelé ne doit pas vous faire oublier ce conseil : ne soyez pas le sommet, mais le centre, ne cherchez pas la crête, mais le creux de la montagne, là où se trouve le splendide rubis du cœur. Le sang tourne à chaque nouvelle lune, les pics audacieux des montagnes s'écroulent toujours dans les vallées, tandis que le cœur du rocher reste solide.

Je savais bien qu'il ne m'écouterait pas. Je me retirai dans ma chambre et ne parvins pas à dormir. Je fixai les poutres où bruissait de temps à autre quelque ver.

L'ensemble de la vie de Frédéric m'avait submergée, en laissant sur moi les détritus d'une alluvion. Je priai pour lui jusqu'à l'aube, car je savais que des hauteurs fulgurantes du palais, il allait s'effondrer, il renaîtrait et s'effondrerait encore. Toujours seul, cerné par les dents des loups : les barons d'Allemagne, les évêques de Rome, les communes d'Italie. Chaque fois mis en pièces et puis retrouvant son intégrité. Et pourtant de plus en plus seul, tyrannisé par le destin qui, quand il est très haut, lui soulève le front pour pouvoir ensuite le précipiter à terre sans ménagement. Je le vis enfin avec peine à sa dernière heure, portant encore l'étendard des croisés. Ce fut une vision rapide : je le vis se noyer, emporté par un gonflement des eaux, et flotter comme un bouchon sur un fleuve lointain, dans une terre de mercenaires. Je priai et je pleurai. Puis je sortis dehors pour respirer. Le jour se levait. Une petite vieille avec les cheveux pleins de paille vint à ma rencontre et me mit dans les mains un œuf encore chaud.

- LIII -

L'empereur Conrad était très malade, mais la cour ne laissait rien ébruiter. Ceux qui l'avaient vu disaient qu'il n'était plus qu'une carcasse d'os, vieilli prématurément. Un fantôme mélancolique.

Son fils, l'héritier, appelé lui aussi du nom tourelé de Frédéric, avait alors six ans.

Le danger était considérable, parce que, dans le cas de sa mort, l'archevêque de Mayence aurait eu le droit de revendiquer la régence au nom de l'enfant. Cela revenait à donner l'autorité aux papistes. Tous les ministres de Rome auraient fondu sur l'Allemagne… Conrad s'efforçait de vivre suffisamment pour voir son fils grandir et affûter griffes et crocs.

Mais une crise cardiaque le terrassa. Avant de rendre l'âme à Dieu, il remit les insignes de l'Empire non pas à son fils mineur, mais à son neveu majeur.

Les chevaliers souabes le soulevèrent sur leurs boucliers et Frédéric Barberousse cria à tous : « C'est de Dieu que nous avons reçu cette couronne. »

Il m'envoya un rapide courrier : *Nous voulons faire savoir à ta sainteté que tout ce que tu nous as prédit lorsque, demeurant à Ingelheim, nous t'avons appelée en notre présence, est maintenant entre nos mains.*

Il était évident qu'il s'était tout de suite hissé en haut de sa cime. Il croyait que son pouvoir lui garantirait la vie éternelle. Le jour où arriva la dépêche avec la lettre de Frédéric, la tramontane avait dévasté nos jardins. Au loin les chiens sauvages ne cessaient sans répit de pousser de grands cris.

J'avais besoin de rester en plein air, à la poussière et au vent.

La Nature nous rappelle toujours qu'elle est plus forte que la vie même. Et elle nous apprend qu'au-delà de n'importe quel jardin, n'importe quelle forêt, il y a un lieu propice à la méditation. La Nature nous impose des limites, mais c'est à partir d'elles que nous pouvons comprendre l'au-delà. L'au-delà du mur, l'au-delà du rideau des haies, l'au-delà du fossé, l'au-delà de l'extrême limite de la forêt. Là, nous dit la Nature, il y a quelque chose que nous devons apprendre à voir sans les yeux de la chair. Au-delà d'un épais bandeau d'ombre se trouve le centre immobile de nous-mêmes, le lieu en qui tout repose dans la grâce des formules simples, comme celles de l'eau et du vent, de la terre et du soleil. Qu'aurais-je dû répondre à Frédéric ? En ce moment il ne m'écoutait plus.

Il était tombé dans le piège : croire que sa réalité était la seule possible.

Aurais-je dû lui conseiller de rechercher l'ombre et le silence, de passer quelques heures à regarder les feuilles nouvelles, de peindre sur ses genoux des tablettes votives ? De considérer la vie brève de l'aubépine ?

En attendant le bruit de ma prédiction se répandit.

Même le pape Adrien IV s'en félicita : *« Nous nous réjouissons, ma fille, et nous exultons dans le Seigneur que la réputation de ta vertu se soit répandue si loin… »*

Rupertsberg devint comme le port de Bingen. Je suis allée revoir les feuilles que j'écrivais en ces jours agités, presque toutes vides. Le peuple venait me voir en foule, pour se faire remplir la forme vide de son destin. Des gens distraits, voraces et envahissants. Ils voulaient savoir ce qu'ils devaient faire. Et je leur expliquai au contraire qu'il aurait été préférable d'avoir des vides dans la vie, de regarder au-delà du réel, au-delà du parfait numéro zéro, de se laisser envahir par la grâce comme par l'étreinte d'une danse liquide. Ils ne comprenaient pas. Leur corps aussi les en empêchait, et chacun portait l'empreinte de ce désenchantement, comme celle des dents sur une pomme. Chacun se fabriquait d'une façon ou d'une autre une maladie, comme un nœud de cheveux où le peigne ne pénètre plus. Chez certains l'humeur, au lieu de s'écouler de façon limpide, devenait une glaire blafarde ou une écume qui gonflait et se transformait en ulcère ou en tumeur.

Le foie, qui chez l'homme est comme un vase dans lequel le cœur, le poumon et l'estomac reversent leurs substances, paraissait déborder chez certains. Les humeurs mauvaises s'incarnaient sous forme de fistules n'importe où, sur la peau en surface, sur un pied. Certaines femmes ne maîtrisaient plus les tempêtes des menstruations. Les riches et les puissants qui pensaient profiter du monde, eux qui se servaient d'épices, de viandes dégoulinantes de gras et de vins liquoreux, étaient paralysés par la goutte et contraints à l'abstinence, comme les pères du désert. Et les pauvres, qui avaient le sang sain et les genoux forts, s'affaiblissaient parce qu'ils mangeaient comme les pères dans le désert, de pauvres mets sans gras et sans consistance.

Chacun dans la vie pensait avoir le rôle du chasseur, et puis la maladie le transformait en une proie.

Pendant des jours et des jours, avec deux moniales herboristes, nous préparions des mixtures : fenouil, trigonelle, rue, thym, absinthe, graisse d'ours, huile d'olive, bile d'anguille, bec de vautour. Il était chose normale en entrant dans notre cuisine d'entendre à toute heure des bouillonnements dans des casseroles et de humer des senteurs de médicaments.

Soigner les corps de ces gens rendait les choses plus faciles. Parce que le corps écoute la chaleur suave du fenouil, la fraîcheur de la citronnelle, la sagesse de la rue qui dégage ses humeurs dans l'eau. Il était plus facile de parler au corps qu'à l'esprit – lequel ne voulait entendre que ce qu'il désirait. Je m'adressais à la maladie en faisant preuve de délicatesse et elle m'aidait à dissoudre toute la douleur pour laquelle on n'avait pas encore pleuré, pour laisser s'écouler cette débâcle que certains avaient retenue comme un mauvais dépôt dans la rate, dans la plaie toujours ouverte d'un pied, dans un utérus contracté. Finalement quelle douceur apportait une décoction de vin bon et suave avec des fougères douces et un peu de millefeuilles pour qui souffrait de fièvre tierce. Et la vapeur s'exhalant d'une paille d'aloès et de myrrhe donnait enfin la paix à une dent cariée.

Toute guérison créait des passages, des trouées inattendues et des portes où faire entrer de l'air et de fraîches averses. Un monde nouveau s'ouvrait soudain. Chacun se sentait plus léger et vide et se contentait d'être la forme creuse du destin. Il arrivait que beaucoup en guérissant abandonnent des projets de guerre, des faits d'armes, des ambitions mercantiles. Ils commençaient à vivre, pour la première fois, le pur moment présent.

Quand ils priaient, ils ne faisaient plus les mêmes demandes qu'autrefois. Ils s'abandonnaient simplement, en sachant dans leur cœur qu'ils seraient exaucés. Sans prétendre obtenir des gages de leur Créateur. Ils étaient contents, ils déplaçaient leur attention sur ce qu'ils avaient et ils remerciaient. Il arrivait qu'ils soient comblés d'abondance. La joie d'enfoncer les mains dans le blé, en effet, est aussi un signe de santé.

Un jour on m'amena, avec une lettre de l'abbé de Bronweiler, une malade d'un genre tout à fait particulier. C'était une possédée, une femme de Cologne qui s'appelait Sigewise. Le bon abbé nous demandait de la garder chez nous. Elle provenait d'une bonne famille qui avait tout essayé : des moines faiseurs de miracles, deux médecins de Bourgogne, un exorciste formé à Rome, un astrologue venu de Lycaonie. L'orgueil de l'antique serpent la retenait captive.

L'effroi se répandit parmi mes moniales et j'eus du mal à les calmer. Elles me le dirent. C'était comme accueillir un caillou sous lequel se trouve un scorpion.

- LIV -

Sigewise arriva quelques jours plus tard. Elle était grande et de belle allure. Elle portait une tunique turquoise de belle facture, sous un manteau bordé de martre. Son abdomen était maigre, sa poitrine était celle d'une enfant. Dans son visage blanc comme de la cire ressortaient deux yeux couleur mauve, effrayés, qui observaient la nouveauté du lieu. Quand les parents qui l'avaient amenée prirent congé d'elle et s'éloignèrent, elle eut un haut-le-corps. Et elle avait encore plus l'air d'une enfant abandonnée pleine d'effroi. Je la pris par la main et elle se laissa conduire docilement ; elle semblait écouter toute chose avec un intérêt attentif. Je demandai alors aux moniales de l'accueillir. Tout paraissait si simple. Je baissai le capuchon de son manteau et nous la vîmes mieux : elle était belle comme Iseult, avec des tresses mêlées de paillettes d'or et ces profonds yeux couleur mauve. À ce moment-là Sigewise se rendit compte qu'elle était comme au centre d'un théâtre qui lui était bien personnel. Elle se donna donc en spectacle. Elle se mit à s'agiter de manière grotesque, repliée sur ses jambes comme un canard sauvage, en salissant son manteau et en soulevant de la poussière, en hurlant avec d'horribles grincements de dents. Elle parlait toutes les langues et aucune à la fois. Elle prêchait. Elle imitait plusieurs voix en même temps. Et en même temps que des paroles elle émettait d'horribles sons : des cris de chouette, de chats écorchés. Puis elle se coucha et urina sans retenue. Volmar et moi l'avons emmenée de force. À ce moment-là elle me fixa avec ses yeux, qui avaient changé de couleur eux aussi, devenus jaunes comme ceux des chats et elle se moqua de moi en écorchant mon nom : Schrumpfilgard. Une manière de dire : vieille desséchée. Et elle me baptisa de ce nom pour les jours à venir.

Je la gardai enfermée dans une chambre pour la soigner. Quand elle parlait, en délirant, elle crachait souvent de la bave comme l'eau des marécages, pleine de l'écume des vers. Elle mettait son assiette à terre et elle mangeait avec avidité comme si elle avait un museau de chien. Elle avait choisi le monde à l'envers.

Elle ne se calmait que quand elle restait seule. Toute sa furie l'abandonnait alors, comme quand un filet de fumée s'échappe peu à peu et laisse la casserole vide. Il neigea ces jours-là. Neige par-dessus neige. Blanc sur blanc, avec de légers bruits sourds. Elle resta pendant deux jours immobile sur le lit, les lèvres l'une sur l'autre sans jamais les bouger. Elle aurait pu être morte, s'il n'y avait eu le sang chaud qui courait dans ses veines et sa respiration régulière, comme celle des animaux qui muent. Je la regardais en la veillant : elle était belle, comme l'aurait été une belle dame prise par le sommeil ou par une bonne mort.

Où était le démon qui la tourmentait ? En quelle partie de son corps s'était-il entortillé avec l'enchevêtrement de ses anneaux ? Peut-être ne s'agissait-il que d'un problème de frénésie, parce que dans un être humain, quand les quatre humeurs se déchaînent en s'élevant comme les vagues qui se déplacent sur l'eau au-delà de toute mesure, elles se transforment en poison et cela engendre des tempêtes qui brisent toute chose dans un horrible fracas. J'appelai toutes les sœurs et nous nous sommes recueillies autour de son lit pour prier. Quand elles furent toutes arrivées et plongées dans la méditation, Sigewise sortit de sa léthargie avec une voix venant des viscères qui augmentait de volume comme le grondement d'un éboulis. Elle prononça des blasphèmes et des anathèmes.

Une chose commençait à être claire : la malade n'avait pas besoin d'herbes, ni de saignées, ni de bains. Ce qu'elle recherchait, c'était un auditoire.

Nous la mîmes au centre, enfin, d'un rite qui devait provoquer l'exorcisme à la façon d'un spectacle. Sept prêtres la frappaient avec une verge de bois, en souvenir de Moïse qui créa un passage dans les eaux du Nil. Chacun d'eux devait agir au nom des patriarches qui, en acceptant la nécessité du vouloir de Dieu, avaient trouvé la liberté de leurs actes. Le septième devait agir directement au nom de Dieu. La scène était impressionnante autour de ce cercle de moines noirs entourés à leur tour par mes moniales blanches. Sigewise ressemblait à un fauve pris au piège, elle se débattit furieusement, puis tomba sur elle-même comme l'oiseau blessé qui glisse dans l'air à la façon d'une flèche. Nous étions convaincus ce jour-là que le rite avait eu de l'effet.

Sigewise avait retrouvé ses beaux yeux de mauve sous les grands arcs de ses sourcils et aussi sa retenue.

Elle lisait, elle conversait, elle cousait une pièce de son trousseau. Puis, tout à coup, elle grimpa au milieu de la table, en renversant la vaisselle et en hurlant contre moi avec une voix de chienne : Schrumpfilgard, Scrumpfilgard. C'est alors que j'acceptai le défi. C'était moi qu'elle voulait.

J'avais compris une autre chose : Sigewise n'avait besoin ni d'herbes, ni de saignées, ni de bains, ni même d'exorcisme. Elle voulait simplement prêcher.

Voilà ce que voulait Sigewise : être une prédicatrice. Il lui semblait ainsi soulever sa nature féminine au-delà de toute limite. Le diable n'était pas entré en elle ; si la forme de ce dernier s'était superposée à la sienne, ses membres se seraient disloqués, comme de pauvres feuilles balayées par le vent.

Le diable était la fumée noire de la mélancolie qui, comme je l'avais noté le premier jour, transformait ses pupilles en un caillot de poussière. Sigewise voulait prêcher comme moi. Elle voulait se libérer de l'enfermement qui était le sien et, n'ayant pas trouvé la manière juste de le faire, elle s'était accordé une liberté malsaine : celle de jouer à la possédée. En croyant ensuite l'être vraiment.

Sigewise ne parvenait pas à mener la vie des autres femmes, car il n'est pas facile pour toutes de vivre des jours inertes comme un lent goutte à goutte. Je donnai l'ordre à mes moniales de la laisser parler. En ce jour et dans les jours à venir. Personne ne lui fit plus obstacle.

Et elle, quand elle voyait un public assemblé, se mettait à parler, à parler, comme si elle s'abreuvait à ces paroles à grandes gorgées. C'étaient des divagations avec des grincements horribles, terribles, mais de temps en temps elle reprenait les mêmes spasmes avec lesquels tout être humain désire retrouver la respiration, et cette lumière que même les animaux recherchent et absorbent avec les yeux. Les jours passèrent. Puis elle s'arrêta et frissonna comme si elle avait très froid. Et elle pleura. Peut-être que des sillons de son cœur jaillirent des larmes emmurées depuis longtemps, devenues comme de la chaux. Elles produisirent plus de bien que l'eau bénite.

Le jour du samedi saint, quand Volmar accomplit l'exorcisme liturgique de consécration des fonds baptismaux au nom de l'Esprit Saint, principe de toute intelligence et de toute grâce, Sigewise s'agenouilla comme nous. Puis elle prit cette eau dans ses mains et se signa.

Tout diable hait l'eau qui lave les ressentiments et la saleté, il hait les portes ouvertes qui laissent entrer le vent, il hait la musique accordée que l'on tient bien haut dans la respiration, les femmes sous un cloître avec un livre à la main, ou alors en rang quand leur passage ressemble à une floraison, il hait l'orgue qu'on effleure à peine des doigts lors de la méditation silencieuse à l'église, les bons remèdes, les gâteaux partagés, les accolades des sœurs, les coussins de coton, les laudes au matin quand le soleil est une faible pierre d'opale.

Toutes ces choses que le démon a en horreur furent les remèdes de Sigewise.

- LV -

Nous partîmes ensemble pour ce long voyage qui dura deux ans.

Une homélie que j'avais faite dans la cathédrale de Trèves le jour de Pentecôte de cette année 1160, en grâce de Dieu, avait fait grande impression.

Ce jour-là les paroles roulèrent hors de moi comme une crue : j'accusais les docteurs et les maîtres de l'Église, car en eux je voyais que l'Orient qui illumine le monde s'était éteint, que le Sud des vertus était devenu glacé comme l'hiver, sec et sans aucune humidité, que l'Occident de la miséricorde s'était fait noir comme les cendres inféconde. En eux je ne voyais que le Nord en train de balayer, avec ses ailes froides.

Il devrait faire jour, mais vous êtes la nuit. Pourquoi jouez-vous à la nuit et au jour à la fois, choisissez où vous voulez être.

Qui étais-je pour pouvoir parler de cette manière ? Et que signifiait dans ma vie le fait de dire « je » ?

« Je », en réalité, n'était pas pour moi une parole fermée, comme le noyau dur à l'intérieur du fruit, ou un seul grain du rosaire. J'étais un canal ouvert. Les paroles s'écoulaient en moi comme une cascade d'eaux lumineuses.

Il ne m'avait pas été donné d'en tirer orgueil, ni de me laisser tenter par la vanité.

Car régulièrement la maladie se présentait à moi, qui m'imposait limites et mesure.

La veille j'avais prêché dans les cathédrales et dans les élargissements des places en m'offrant à tout venant, debout sur mon piédestal ; le lendemain mon corps me rappelait à moi-même.

Il me faisait interrompre mon chemin, il voulait que j'écoute la douleur tapie dans certaines cavités si intimes. Et je m'arrêtais, j'écoutais, j'apprenais à user d'indulgence envers moi-même, je débarrassais patiemment chaque chose des éléments qui avaient séché, comme on le fait dans les jardins.

Puis je reprenais le voyage.

Beaucoup de villes voulaient que je reprenne le même discours que j'avais fait à Trèves. Les gens ressentaient le besoin de paroles qui, si elles rappelaient d'un côté combien la vie était dure et frissonnante de froid, laissaient voir d'un autre côté que la réalité n'était pas seulement telle que la voyaient nos yeux de chair.

Et qu'il était possible de se soustraire à la dictature du réel et de ceux qui nous l'imposent avec leurs lois iniques, les sordides violences humaines, les guerres, comme si les maladies et les privations ne suffisaient pas.

Je rejoignis Lothgrin et Metz en remontant le cours de la Moselle. Puis, en détournant ma route vers ce puissant bras d'eau qu'est le Rhin, j'atteignis Boppard, Andenach, Sieburg, Weiden jusqu'à Cologne.

Mon voyage était scandé par ces étapes, comme des relais de poste : jusqu'à un certain moment tout coulait de manière fluide, puis la maladie imposait une halte, le vide d'une vacance.

De toute façon, toute vie se présente de cette manière. Il n'est donné à personne de vivre en parcourant tout droit la route principale. Pour me soigner, il était nécessaire de mettre chaque fois en ordre les plans horizontaux et verticaux de ma vie. Je me faisais aider en me réfugiant dans le sein de cette mère qu'est pour nous la Nature.

Et j'essayais de regarder toute chose avec les yeux d'un petit veau, par exemple, à qui tout paraît immense et empli d'un saint frémissement. Et si je trouvais dans l'herbe une source d'eau limpide je m'agenouillais et je la lapais avec la même reconnaissance que la génisse qui tête et puis relève le cou en laissant couler l'eau sur elle. Et je m'arrêtais dans une grotte en écoutant la pluie, en allumant un feu de bois qui avait du mal à saisir la flamme. Ou alors j'attendais le soir qui s'annonce toujours au-dessus des bois avec un rebord brun à peine effrangé. En ces moments-là mes visions arrivaient aussi comme si entre un monde et l'autre il n'y avait pas de césure. La Lumière qui m'envahissait ne semblait pas différente de ces cirrus entassés, qui faisant un peu écran au soleil, s'imprégnaient de tout son feu. Ma conscience se répandait ainsi comme si je m'avançais les bras ouverts dans une mer de brume, quand toute la terre semble être devenue un océan sans vagues et sans rivages.

Dans la Nature, comme dans mes Visions, je percevais le frisson sacré avec lequel je dépassais cette limite où ma liberté devient nécessité.

Il m'était plus facile de m'imaginer cet état chez les animaux : la buse se pose sur la branche, elle y stationne en silence, puis quand c'est le moment elle émet un cri rauque, ferme les yeux et s'abandonne sans soutien. De la même façon le lézard immobile, qui ressemble presque à une feuille, lorsque se déclenche un signal bien précis – presque des cymbales de branches – bondit à la verticale sur un mur. Dans chaque réalité de la nature est présent ce ravissement, qui est en même temps l'obéissance humble à une limite qui lui est interne et – au son sacré de cette cymbale – une sortie de soi sans retenue.

Dans mes pérégrinations solitaires je voyais ce sens des limites – la fin du bois, la source sacrée, ou alors un voile au-delà duquel se trouvait un mystère que je ne pouvais pas décrire.

Alors je m'arrêtais et j'obéissais, en méditant les yeux fermés. Et je percevais clairement cette cymbale qui me donnait le signal et alors, dans la nécessité et dans l'obéissance, mon être se confiait à la liberté d'une réalité dont l'innocence naissait de l'oubli de tout poids et de toute chute.

Si ce qui m'était offert était à la fois musique et vision, je me demandais si ce don n'était pas aussi celui que reçoivent en dot les oiseaux des airs : lorsqu'ils volent de fourré en fourré dans une ample musique de feuilles. Mais ma nature d'être humain faisait qu'avec la raison je voyais et j'entendais des choses que, une fois que j'en contenais beaucoup comme dans un vase, je devais ensuite raconter.

- LVI -

Ce furent ces années-là que je m'attaquai à mon œuvre la plus puissante que j'appelai *Liber divinorum operum.*

J'y rangeai les images de mes visions comme des statues dans une cathédrale.

Toutefois, alors que l'architecture s'impose tout de suite à la vue avec l'harmonie de son ensemble, je priai plutôt le lecteur de se fier à la lente montée qui est une ascension dans la connaissance et en même temps l'itinéraire de la sanctification de l'âme. Laquelle aurait aimé reconnaître, dans la fresque du créé, la congruence de toutes les parties dans l'ensemble ; de même que toute corruption et tout manque d'harmonie ne naissent que du vice de l'intelligence et du trouble de l'esprit, qui dans le chaos du monde ont perdu la foi en l'existence d'un ordre. La folie du siècle prétendait diviser toute chose : la politique des puissants séparait le sceptre des rois de celui des papes, les Cathares séparaient l'esprit du monde de la chair corrompue et putrescente, les familles séparaient les aînés des cadets. Il semblait que le monde avait perdu, en même temps que l'espérance, la saveur même de la joie.

Chacun était prêt à admettre l'existence du mal. Pour s'en défendre, chacun se fabriquait avec des mots un diamant dur pour se découper le cœur.

Personne n'avait plus le courage d'admettre qu'il devait exister un bien, un bien absolu auquel consacrer toute la matière du monde. Dans le monde je voyais partout l'esprit comme *solidamentum* et *vivificatio.* L'Esprit du Monde m'apparut dans une vision qui disait : *Je suis la suprême énergie incandescente, qui ai allumé tous les étincellements vivants. Moi, la vie du feu de la substance divine, je flamboie sur la beauté des champs, je resplendis dans les eaux et je brûle dans le soleil, dans la lune et dans les étoiles ; et avec le vent qui est fait d'air je suscite la vie en toute chose, en les vivifiant avec la vie universelle qui soutient tout.*

Et il disait encore qu'il était la rationalité qui était à la racine de toute chose et le verbe éclatant qui fleurit en elle, parce qu'il procure le temps en qui toute œuvre atteint son épanouissement.

Cette image, que je vis au centre du ciel austral, était semblable à une figure humaine entourée de lumière qui lui faisait un large cercle autour de la tête. Dans le même cercle apparut la figure d'un vieil homme très vénérable. Deux ailes d'un côté et de l'autre s'élançaient au-dessus du cercle et se rejoignaient en haut, où je voyais une tête d'aigle qui avait des yeux de feu. L'image était revêtue d'une longue tunique éblouissante et tenait dans la main un agneau. Ses pieds écrasaient un monstre d'horrible apparence, venimeux et de couleur noire.

Et dans cette vision d'un instant tout m'apparaissait clair à l'esprit, comme surgi de la nuit dans les teintes claires du matin ; et en même temps l'idée que Dieu se fasse homme et que le feu de l'Esprit Saint se place immobile au centre des choses, en représentant le monde sous la forme d'un cercle parfait, était du miel pour le cœur. Dans ce cercle se manifestait la perfection de ma nature humaine elle-même, comme l'amande rangée dans sa coque.

Dans une autre vision je vis une roue dont la circonférence était faite d'un feu brillant ; sous elle se trouvait un autre cercle de feu noir, un autre de pur éther et un autre d'air tendre. Au centre de la roue se trouvait une figure dont la tête, les bras ouverts et les pieds touchaient la circonférence et en quatre autres points quatre têtes qui semblaient celles d'un léopard, d'un loup, d'un lion et d'un ours laissaient échapper un souffle de leur bouche.

Le lion est le vent du midi qui exerce sa volonté dans la force ; l'ours est comme le vent du nord qui apporte la tempête du feu noir ; le léopard est le vent d'est qui provient de l'origine et possède la férocité du lion sans en avoir la science ; le loup est le vent d'ouest qui souffle à l'heure humide comme de sa tanière le prédateur à la recherche de nourriture.

Je compris que le corps du monde était une roue entière qui reste indissoluble avec son mouvement circulaire ; elle n'est pas usée par la vieillesse et la nouveauté ne lui ajoute rien et elle durera jusqu'à la fin des temps sans avoir ni début ni fin, parce qu'elle est hors du temps. Et en elle l'homme se rassemble parfaitement en ses points comme la pierre angulaire.

L'homme, toutefois, qui se trouve dans un cercle mais aussi dans un carrefour limité par les vents avec des figures de bêtes, est assailli par de multiples tentations et reçoit aussi des forces qui l'équilibrent et qui sont les vertus. Tout comme la Nature se fane et reverdit, l'homme peut trouver en lui-même dans la matière vivante, le centre de la roue qui se meut éternellement avec tout le créé. Il ne devra pas retomber dans l'épaisseur de sa matière, et encore moins la mépriser, en la transformant en un flotteur inerte de son esprit. Car le corps aussi est le temple admirable où la hauteur et l'extension à bras ouverts sont identiques, où la rotondité de la tête est la voûte stellaire, le corps attaché à la tête est comme la terre attachée au firmament. Le balancement du sang baigne le moindre pan de l'homme, depuis ses adhérences les plus intimes et les humeurs s'écoulent dans son corps en suivant la même loi que celle qui gouverne la lune quand elle croît et qui fait que la marée en un point précis se dissout en tendresse et se répand sur la côte.

L'âme n'est pas celle qui dans le corps garde les clefs maîtresses. Il est vrai qu'elle aide la chair par la sainteté de sa science et la fortifie, parce qu'elle est la respiration rationnelle et que dans la demeure du cœur elle évalue et établit toute chose. Mais la chair est celle qui la recèle et lui donne forme et soutien et, sans elle, elle ne pourrait pas accomplir ses œuvres.

Dans le pourtour parfait de la roue qui demande en tout équilibre et discrétion, l'homme et la femme sont aussi l'accomplissement l'un de l'autre, sans déséquilibres de primogéniture.

La femme est faible et se tourne vers l'homme qui prend soin d'elle comme la lune reçoit sa force du soleil. Mais c'est elle qui revêt l'homme par l'œuvre de sa science. Dieu la créa de la chair et du sang, tandis que l'homme fut forgé à partir de la glaise. C'est pour cela que l'homme, dans sa nudité de terre, se tourne vers la femme pour qu'elle le recouvre de chair et de sang.

- LVII -

Le *Liber* que je composais petit à petit en reportant sur des tablettes cirées les visions qui m'étaient données était retranscrit au fur et à mesure par toi et par Volmar. Combien de fois vous ai-je demandé d'arrêter, craignant de voir enfermer tant de matière dans le si petit espace de l'écriture. Puis nos sœurs recopiaient le tout en une lente calligraphie et tout se révélait, dans la blondeur de la page, en clarté et en délicatesse.

Les autres moniales qui travaillaient avec des pinceaux en suivant l'ordre et la forme des figures, telles que je les dictais, en mélangeant avec l'or le turquoise et le carmin, le vert et le brun étincelant, composaient à la fin des miniatures grandioses, même si elles étaient de petites proportions, sur lesquelles je m'attardais comme si c'étaient des icônes de méditations sur lesquelles nous nous penchions, comme depuis une berge.

Les mois passaient et le livre se composait, puissant grâce au travail de cet atelier.

De temps en temps je ressentais le besoin d'écrire autre chose, presque de perdre la mémoire.

En ces heures du milieu du jour avant les prières, quand nous sortions à l'air, toi et moi, et les autres, en mettant les mains dans les poches et en ouvrant nos vestes en guise de voile, je me disais que je devrais bien écrire autre chose. Comme le daim cherche dans les montagnes la plante du dictame qui lui sert de remède. Ou comme le jeune châtaignier grandit lentement en absorbant les humeurs qui lui sont nécessaires au temps opportun, en sachant se procurer de lui-même le remède pour tout ébranlement dû à la tramontane. Chaque être dans la Nature possède la connaissance.

Pourquoi, me demandais-je, l'homme a-t-il à ce point perdu la mémoire? Pourquoi ne sait-il plus quel dictame il doit chercher? C'étaient surtout les gens des villes qui faisaient preuve de cette mémoire avare et sèche, paresseuse à se révéler. À la campagne il y avait encore des hommes, et des femmes surtout, qui écrasaient les mouches, qui asséchaient le sang des taupes, qui recueillaient la rosée sur les feuilles d'aulne. Je me mis à rendre visite à ces femmes, tandis que tu me suivais avec ton stylet et ta tablette. Certaines d'entre elles, décrépites, vivaient dans des lieux sombres et vérolés loin de toute géographie humaine. Au début elles paraissaient dures puis elles se mettaient en confiance. D'autres femmes étaient tout à fait normales, certaines étaient de jeunes mères de famille, qui vivaient en pleine lumière au milieu des autres. Et, en plus des tâches quotidiennes, elles réparaient les os et soignaient les parasites qui encombraient les viscères. Certains hommes, dans les familles, se transmettaient des pratiques qui mêlaient à l'utile un goût de miracle : trouver dans la terre sèche les lieux nourris par la pluie ou parler aux chevaux fous qui ne supportaient pas le mors.

J'essayais aussi de trouver dans les livres la science qui m'explique la cause des maladies ou des chutes de l'esprit, ainsi que les remèdes; et je me réjouissais quand je voyais confirmées des choses qui avaient été prouvées par l'expérience.

Mais souvent je commençais à trouver dans les livres les plus récents un regard trop lucide, privé d'émerveillement, comme si la réalité n'était que celle qui s'offre à nos yeux, dans les phénomènes que nous voyons.

Il me semblait voir en tout cela une perte de clairvoyance. On disait que la vérité du mal se révélerait par la tache blanche de la cornée des yeux, par la vue des urines dans un pot de chambre, ou par la pulsation du pouls. Les nouveaux docteurs ouvraient les yeux et voyaient. Mes vieilles femmes décrépites fermaient les yeux pour mieux voir, comme cela m'arrivait à moi aussi, quand je recherchais le mal de quelqu'un. C'était cette sagesse que l'on a les yeux fermés qui m'intéressait, et que je ressentais le besoin de mettre par écrit, car il était juste d'offrir certains arguments aux paroles, même pour les cas les plus intimes. J'appelai ces écrits d'abord *Liber simplicis medicinae* puis *Liber compositae medicinae*; dans le premier cas le sujet était général, ce que les anciens appelaient *physica*. L'autre livre, j'aurais pu l'appeler *Causae et curae*; j'y plaçais l'homme au centre de la roue comme pivot de l'univers. Si seulement il avait pu comprendre cela, il serait resté intègre et aurait gardé la santé du corps et de l'âme. Lucifer a tout de suite haï ce secret par lequel l'homme, malgré la pesanteur de l'être, pouvait s'élever jusqu'à Dieu grâce à son esprit. L'antique serpent, qui n'est pas intègre mais dispersé et effiloché, introduisit le doute en l'homme, lui fit sentir qu'il est séparé, défait ou alors orgueilleusement supérieur aux choses du monde. De cette manière il le condamna à se sentir en exil par rapport à lui-même. Mais Dieu nous déniche où que nous soyons, comme le chien chef d'une meute. Il nous a formés avec les mêmes éléments que le monde : le feu, l'air, l'eau et la terre.

Ces éléments sont tellement imbriqués les uns dans les autres qu'on ne peut pas les séparer, et tout comme ils tiennent solidement uni le firmament, ils complètent en même temps l'homme qui est tout en rotondité.

Il y a dans l'homme quelque chose du soleil et des étoiles quand ils réchauffent le ciel blanc d'argile; il y a en lui la fête de la pluie et la puissance des ailes du vent et la viridité de la terre. Il n'existe pas de créature qui ne soit rien ou qui soit faite d'une seule de ces qualités, il n'existe pas de créature qui ne soit pas parfaite, malgré la première évidence. Nous pouvons percevoir la trace minérale de l'œil, et pourtant il est aussi une émulsion liquide, un albugo lumineux, un éventail de cils.

Les remèdes nous ont été accordés par Dieu. Ils ont pour tâche de nous redonner notre intégrité. De même qu'il n'existe pas de cause qui ne trouve son remède, il n'y a pas d'échec, ni de perte, qui ne puisse se convertir en grâce. N'importe quel fruit recouvert d'épines conserve jalousement sa pulpe.

Je n'eus aucun scrupule à traiter de sujets auxquels la modestie de mon sexe et la prudence de ma condition auraient pu mettre un frein. Eh bien quoi ? Aucune Règle n'a parlé des menstruations, tout en sachant qu'il fallait accueillir des moniales, qui sont en toute chose des femmes comme les autres. Le corps n'est jamais vide d'âme ; aussi aucune partie en lui ne peut-elle être jugée inconvenante. Ce sont les flegmes et les humeurs qui font en sorte qu'un homme et une femme puissent devenir une seule chair.

- LVIII -

En tout cas, il ne m'était pas donné de m'abstraire des réalités du monde. Quand le soir, à complies, je voyais mes moniales, comme les onze mille vierges d'Ursule, marcher en rangée de lin blanc en formant comme un ruban pour la nef, tandis que la pluie tambourinait fortement sur les poutres en bois, un problème m'apparaissait : nous étions sans défense contre les offensives des hommes. Les familles nous le faisaient sentir dans leurs lettres, en se lamentant d'avoir confié leurs filles à un couvent sans protecteurs.

Volmar devint plus pressant, lui qui pourtant cherchait à éviter certains sujets.

On voulait me faire croire que le ciel s'était resserré autour de ma tête et qu'il fallait s'attendre à recevoir des averses d'eau froide. Il n'y avait pas trop longtemps à attendre.

J'appris que Frédéric, en cette fin de l'année 1163, devait s'arrêter à Mayence.

Nous n'avions jamais interrompu notre amitié, même si, par mes lettres, j'avais essayé de l'inciter à s'arrêter et à méditer. Sans résultat. Durant toutes ces années Frédéric avait couru comme la crue d'un fleuve qui n'atteint pas la mer. Il semblait que rien ne lui faisait peur. Mais je l'avais connu de près.

Il se faisait une si haute idée de la dignité impériale qu'elle le caressait chaque jour comme la lame du rasoir lorsqu'elle suit la ligne du cou.

Frédéric craignait son propre pouvoir. Il était imprudent et anxieux en même temps. Il vivait en serrant les dents et les mâchoires. Il était encore beau, mais usé me disait-on. Les larmes tenues loin des yeux avaient creusé de petites rides.

En cette heure critique où le pape Adrien IV était mort, il semble que la piqûre d'une mouche venimeuse ait poussé Frédéric à favoriser, au lieu de l'élection d'Alexandre III Farnese, celle d'un antipape, Victor IV, qui avait littéralement arraché du dos de son adversaire le manteau de pourpre en le mettant en pièces.

Le nouveau pape, à ce qu'on disait, pouvait lui ouvrir la route pour ses incursions en Italie.

Voilà quel était l'homme qui se considérait comme mon ami. Je le rejoignis à Mayence.

C'est la femme qu'il avait épousée, Béatrice de Bourgogne, qui vint m'accueillir. Je la trouvai, entourée de ses dames de compagnie, en train d'attendre ma venue sur le bord de la route, en dehors des murs. L'hiver comme un ogre pénétrait dans la campagne lissée par de violentes rafales. Je les trouvai à genoux me faisant la haie, enveloppées dans des capes de couleur bleue. Ce fut un geste d'une beauté exquise. Béatrice prit ma main et la baisa avec dévotion. Elle était plus belle que ce que j'avais entendu dire, cette princesse qui avait apporté en dot à Frédéric cinq mille chevaliers et une région entière. Je l'embrassai.

On nous conduisit jusqu'à la ville où un peuple immense m'attendait et où il y avait partout des couvertures aux fenêtres et aux terrasses, des étals de gâteaux et de pain d'épices, comme pour un marché de fête.

Frédéric, lui, était seul dans une pièce trop grande où des centaines de bougies enfoncées dans le sable dans d'énormes bassines de cuivre soulageaient à peine la vue. Je percevais sa souffrance.

Il est quelquefois plus douloureux de se confronter au silence. Il se prosterna à mes pieds, en me demandant de lui mettre les mains sur la tête. Ce geste d'allégeance me frappa par la grâce du cœur avec laquelle il m'était offert. Je le relevai. Je lui dis que cette fois, c'était moi qui implorais une faveur.

Il comprit tout sans que j'aie besoin de parler. Et il m'informa avec discrétion qu'il songeait déjà depuis un moment à établir pour moi un sauf-conduit qui mettrait mon monastère sous la protection de l'empereur et de tous ses descendants. C'était bien là le minimum qu'il pouvait faire – ajouta-t-il encore – puisque notre amitié était connue de tous et pouvait constituer une gêne pour moi.

« C'est vrai, répondis-je, surtout quand cet ami s'emploie à mettre et à démettre les papes sur le trône de Pierre. » Il changea de ton. Chez les sanguins comme lui, quand l'humeur s'enflamme, elle s'embrase. Il s'enflamma comme un tison. Il me fixa droit dans les yeux.

« Je n'ai pas besoin d'oracles. »

C'est ce que j'aimais chez Frédéric. C'était un homme qui ne sifflait pas entre ses dents. Quand il pensait quelque chose il le disait ouvertement. Puis il se calma subitement, ce qui est caractéristique des gens de son humeur, sans rancune. Un énorme chien entra dans la pièce, qui ressemblait presque à un veau, un molosse, offert par Tancrède, le duc normand de Sicile. Le chien s'étira en se mettant de tout son long sur le tapis. Et lui fit de même. Il s'excusa de ne pas avoir ce soir-là de conversation très brillante. Il était très fatigué. Il disait qu'il avait du mal à aligner quelques mots. Nous sommes restés longtemps en silence au coin du feu qu'un serviteur réalimentait de temps en temps en y jetant des sarments secs et des bruyères. Je me mis à prier. Il me demanda si j'étais en train de prier pour lui. C'était vrai. Je voyais les bonnes semences de Frédéric se disperser, et être gâchées pour tout l'Empire.

Je l'interrogeai : depuis combien de temps ne priait-il plus ? Il n'arrivait plus à le faire. Le problème venait de sa tête, que ses pensées faisaient tourner continuellement comme si elle était sur un fuseau. Il était nécessaire qu'il trouve un point fixe quelque part, lui dis-je.

« Je devrais abdiquer et faire l'abbé », répondit-il. Et il sourit.

Il repartit à l'aube. Il ne s'arrêta jamais ces années-là. Partout où il arrivait, il rompait les digues et les terre-pleins comme le font les fleuves en crue. L'antipape Victor mourut et il en fit élire un autre, au bout de deux jours seulement : Guido de Crema, cousin de Victor, qui prit le nom de Pascal III. La nuit de Noël de cette année

1164, il organisa une farce qui provoqua l'indignation de toute la chrétienté. Il exhuma une momie enveloppée d'un vieux linceul et prétendit qu'il s'agissait de Charlemagne. Pascal bénit la dépouille mortelle et la canonisa en transformant ainsi la ville d'Aachen en la nouvelle Aix-la-Chapelle et en faisant de Frédéric le continuateur du carolingien « sauveur et bénédiction du Saint-Empire Romain ».

Il y avait ceux qui riaient et ceux qui organisaient la résistance, sous la conduite des cisterciens. Lors de la Diète de Wurtzbourg, les évêques qui avaient dû reconnaître l'antipape y avaient été contraints par la force. Frédéric avançait en saisissant les gens de force, ce qui est typique de ceux qui ont peur de leur propre pouvoir. Je lui écrivis une lettre dans laquelle, en réalité, je n'essayais pas tant de me fâcher contre lui que de lui faire extraire quelques mauvaises idées qu'il avait en tête. Je n'eus pas de réponse. Frédéric à cette époque était l'être le plus seul au monde. Comme le vent de la tramontane il était en train d'amasser nuages sur nuages. Puis, des crevasses du ciel, s'abattit comme une tempête.

Quelques évêques décidèrent de ne pas respecter les accords qu'on leur avait arrachés à Wurtzbourg ; parmi eux Éric, l'archevêque de Mayence, comme je le lui avais prédit auparavant.

L'armée de Frédéric s'abattit sur notre région comme une horde. Je savais dans mon cœur que Rupertsberg ne souffrirait aucun outrage de cette guerre.

Mes moniales tremblaient comme des tourterelles parce que, surtout la nuit, on voyait à l'horizon de sinistres lueurs de feux lointains, et, le jour, de noirs panaches de fumée poussés par les vents qui semblaient vouloir recouvrir le ciel d'un manteau.

Puis tout passa. Frédéric aussi s'en alla. Comme s'en vont les canards sauvages qui s'enfuient quand le canal est gelé. Mais les canards reviennent pourtant et continuent à nous parler dans leur langue si simple et commune qu'elle semble nous rappeler que dans le monde tout peut être simple et familier.

Pendant longtemps je n'arrivais plus à penser à Frédéric, à part le fait que je le mentionnais dans mes prières. De temps en temps il apparaissait dans mon insomnie pleine de brume, et il était moitié embryon, moitié personne.

Un jour, je le vis distinctement apparaître en entier sur le bord de ma vision. Il me saluait depuis ce passage en me regardant de ses yeux et en me suppliant de ne pas l'abandonner. Jamais.

Depuis ce moment je le sens proche, comme un bon ami avec qui on fait régulièrement le point dans la conversation, et quand je m'assieds dehors pour regarder la hêtraie qui se trouve sur le plateau seule avec son ombre, il est auprès de moi et il me semble qu'il laisse son empreinte sur le pré.

- LIX -

Au fur et à mesure que le temps passait je voyais ce qui devait être, je me le représentais déjà.

Je voyais partout l'abondance, même là où il semblait ne rien y avoir.

On me reprochait d'être téméraire. Pourquoi ? Certains, s'ils conçoivent un désir ou qu'ils ont un rêve, s'empressent de se fabriquer des empêchements. C'est pour cela que le monde n'est que pénurie et manque, et que tout trésor se transforme en guenilles.

Rupertsberg était devenu le monastère le plus réputé, et pas seulement sur les terres d'Allemagne. Il était devenu plus bondé qu'une ruche. Il commençait à être douloureux, et malséant de surcroît, de renvoyer chez elles des jeunes filles qui, dans bien des cas, arrivaient seules, pleines de bonnes intentions, accompagnées d'une servante ou de leur nourrice. En devançant l'accord de leurs familles. En disant, dans la clarté de leur cœur, qu'elles avaient été appelées, qu'elles m'avaient vue en songe. Beaucoup de ces jeunes filles étaient douées pour la musique, pour l'étude et l'art des pinceaux. Elles s'étaient usé les yeux à parcourir les quelques livres et les manuscrits des palais de leurs familles. Elles étaient avides de savoir et d'esprit. Quelques-unes redoutaient plus que la lèpre un mariage arrangé avec un étranger ; le cloître était à leurs yeux le pain de sucre de l'enfance et le Christ le meilleur des époux. Et pourtant je devais les renvoyer chez elles.

Il était nécessaire de se mettre à créer un nouveau monastère.

Et je le vis, avant même de l'avoir cherché : un lieu suspendu entre des berges sèches et les eaux d'un fleuve, comme des barques poussées par le vent. Le lieu choisi était près de l'eau, de la même manière que Rupertsberg au début m'était apparu à l'intérieur d'une mer de terre.

Quelques mois plus tard la nouvelle nous parvint qu'à Eibingen, à proximité du port, il y avait une maison en ruine qu'une veuve n'avait pas les moyens d'entretenir. Elle nous la vendit et fit une bonne affaire. Il s'agissait d'une maison complètement délabrée que la prochaine tempête aurait abattue, à commencer par les poutres infectées de parasites. Nous l'avons démolie et l'espace resta vide, empli d'herbes pointues et de buissons à l'odeur forte de genièvre. Volmar sourit : désormais je ne possédais qu'un bout de bruyère.

Pourtant ce qui m'entourait n'avait pas de prix, seulement la grâce de la valeur ajoutée : le fleuve avec la psalmodie des flots, les bateaux à voile dans un trémolo couleur d'aigue-marine.

Ce qui arriva les années suivantes fait partie de notre histoire : cette maison grandit, comme grandissent les enfants. Un jour quelqu'un vient et se réjouit avec nous de voir combien ils ont grandi et ce n'est qu'alors que nous les voyons tels qu'ils sont : campés bien droits sur les jambes de leur destin. Et nous percevons sur nous la condensation du temps.

Le couvent s'agrandit en ajoutant petit à petit la construction de nouveaux bâtiments autour de l'église et se remplit de jeunes filles qui arrivaient de loin, de Bourgogne, de Flandre.

Beaucoup me demandaient comment je faisais pour gouverner et diriger les deux couvents et si je n'en préférais pas un par rapport à l'autre. Je répondais que j'avais depuis longtemps choisi l'abondance et non la pénurie. Ma foi avait su créer ce qui pour le monde était impossible.

Impossible était pour moi un mot qui n'avait pas de sens, presque comme le bla-bla des fous. Si la Grâce m'avait accordé deux monastères, je saurais bien pourvoir à leurs besoins. Tout arrive, lorsque nous nous sentons de légitimes enfants de Dieu. J'aimais l'un et l'autre de mes couvents, tout comme les mères ne mesurent pas leur amour. Mais un jour je vis – et je sus – qu'Eibingen résisterait comme l'arche de Noé, en planant sur les temps.

- LX -

Volmar était en train de prendre congé de ce monde. Comme à son habitude, sans faire de bruit.

En faisant plutôt comme ces brumes qui lors de certaines journées d'hiver sèches et délavées étendent leur langueur calme de nuage sans histoire et sans mémoire, et semblent revêtir toute chose de paix et d'un sentiment de pardon. Les yeux de Volmar l'abandonnaient plus que toute autre partie de son corps, lequel, malgré son âge, était encore noueux et fort. Ses pupilles devinrent glauques et mes mixtures ne lui servirent à rien, pas plus que les promenades dans une petite vallée où la mousse vert émeraude était, pour les yeux qui la regardent, le plus doux des baumes. Il ne parvenait plus à lire, ni à passer des heures sur ses parchemins bien-aimés. Son monde était désormais tout intérieur. Nous l'avons trouvé assis sur sa chaise la tête penchée et, dès que je l'ai touchée, sa main est retombée avec un léger bruit sourd.

C'était à moi, disait-il, d'être auprès de lui à la fin, quand il est donné à chacun de traverser un grand vide d'air. J'aurais entendu la plume de ses dernières paroles et je les aurais toujours emmenées avec moi, comme nous le faisons avec un pendentif que nous portons sur le cœur. Volmar, mon ami si cher.

Et lui au contraire semblait avoir accompli ce passage comme dans un rêve, quand nous devons traverser une grande quantité d'eau et qu'il nous semble connaître l'endroit où l'on peut passer à gué, en se laissant glisser.

Au dehors le ciel semblait descendre goutte à goutte. Je restai longuement auprès de lui, nous étions seuls dans sa cellule, comme nous l'avions été tant de fois. Ses objets partout épars, devenus inertes et tout à coup pleins de compassion, paraissaient orphelins, témoins malgré eux de l'absence, mesure de la perte.

La douleur du détachement me piqua, je sentis la pointe du couteau me transpercer le cœur. Cela dura un petit moment. L'esprit de Volmar dans cette cellule se détachait des choses de ce monde : du livre ouvert sur le lutrin, du stylet, du verre qui contenait les pinceaux, du papier à musique, du manteau, du sac qui lui servait lors de ses longs voyages, de ce compas venu du Levant qu'il dirigeait vers le ciel pour me montrer, la nuit, dans cette poussière d'étoiles, comment resplendissaient avec leurs yeux de dragon Vega et Pollux, la Grande Ourse et Aldébaran.

Je sentis aussi qu'il prenait congé de moi, en me disant de le laisser s'en aller.

De même que nous ne pouvons pas céder à la tristesse quand l'arbre se dépouille et se retire dans l'obscurité des feuilles mortes et de la terre froide. J'ordonnai alors que l'on prépare le rite pieux de la sépulture que Volmar avait souhaité en toute simplicité, sans cérémonie. Cependant la nouvelle se répandit dans la contrée et des paysans vinrent nous rejoindre, des pêcheurs, des bergers avec leurs troupeaux, des marchands de la ville, des chevaliers.

Et tandis que la terre s'ouvrait pour accueillir sa dépouille, s'éleva le son doux et sauvage de la cornemuse d'un berger, auquel un autre se joignit pour le soutenir avec une flûte taillée dans l'écorce.

- LXI -

Des choses laissées par Volmar, je ne voulus garder que le manteau et ce sac de pèlerin trop petit, avait-il l'habitude de dire, pour emmener avec soi du superflu.

Je fus invitée à accomplir le voyage le plus long, celui qui m'emmena vers les terres du Nord, au royaume de Suède où je prêchai à Manlhrom, Hirsan et Zwielfaten. Je connus un autre monde, où il fait sombre à midi et où on se réveille au matin avec les fenêtres rayées de gel. Le froid faisait frissonner toute chose, même les feuilles obliques des fougères, les branchages affilés des arbres sans feuilles, et le soleil paraissait froid dans son pâle orient. Je me demandais comment les hommes faisaient pour vivre là, pour construire des maisons, pour parcourir les distances.

En réalité je raisonnais de cette manière parce que j'avais crispé mon corps comme une brindille sèche. Mes pensées étaient fouettées et rendues frissonnantes par le grésil et empêchaient le sang de s'écouler.

Mais lorsque je commençai à ne plus penser au froid et à ne pas me sentir différente du ragondin au milieu de la neige, je découvris dans cette nature un rythme lumineux et une douce beauté.

À certaines heures du jour la lumière étincelait sans jamais blesser ; à l'intérieur des montagnes il y avait une mer toujours calme, bleu foncé comme une couverture d'enfant. Et des bandes de sable très blanc entre le bord de l'onde et la hêtraie. Étangs de sel. C'est un monde, celui des terres du Nord, où même les animaux sont doux et dociles, comme les rennes, qui n'ont pas le feu et le vacarme des chevaux. Et qui semblent se déplacer avec leurs traîneaux sans toucher le sol, avec des sabots recouverts de feutre mou. Les oiseaux ont des flûtes légères. Et le silence est une musique suave dans lequel on a toujours l'impression d'entendre une voix désincarnée. Le Nord est comme le désert des Pères, un monde pur sans géographie où l'on peut rester seul pour chercher une voix. C'est ce qui m'arrivait à moi aussi. Je voyais de temps à autre une grotte ornée de lierre et de liserons et j'aurais voulu dire à ma caravane de me laisser là. Pour écouter ma voix.

Car cette autre Voix m'avait abandonnée et je n'avais plus de visions. De même que je n'avais plus de douleurs. Je ne me sentais pas abandonnée. Je faisais au cours de ce voyage l'expérience d'une attention si profonde aux choses que je m'enfouissais en elles, et dans ces champs brillants et froids je percevais Dieu en ressentant la corde vibrante de la glace qui se rompt et le cri lisse de l'aigle dans l'éther, là-bas très haut.

En même temps face à ces gens – enfants aux douces couleurs de miel, hommes et femmes aux yeux pleins de bonté et de lumière bienveillante – je posais les mains sur eux et les bénissais. Il m'arrivait de guérir des malades et d'apaiser des mélancoliques en les touchant de la main, simplement parce que je le voulais. Et ma volonté était une seule chose avec la volonté divine, la même par laquelle, en me réveillant le matin avec une prière silencieuse, en sortant pour prendre la froide odeur du dehors je pouvais dire : « Dieu se lève. »

- LXII -

Je me retrouvai seule. Sans Volmar et sans toi. La vieille abbesse de Gandersheim était morte et nous avons reçu un message de la part de ta grand-mère. Le message disait que tu avais sept jours pour préparer ton départ. On me disait aussi qu'il n'y avait pas besoin de porter ensuite beaucoup de bagages, parce que là où on t'attendait, tu trouverais tout ce qui convenait à ton rang et à ta personne. Le message était clair : cette fois il ne fallait pas s'interposer entre toi et sa volonté. Sans toutes les histoires que j'avais faites pour Richardis, ta tante.

J'étais déjà prête depuis longtemps. Je n'étais plus qu'une vieille femme osseuse et chauve à qui Dieu accordait des joies prodigieuses.

Rien ne pouvait me manquer, maintenant que je savais qu'il n'existe ni manque ni abandon tant que nous nous en remettons à la Grâce. Une fois j'avais empêché Richardis de choisir sa route selon son libre arbitre. J'avais été humiliée et punie. Il ne faut jamais retourner dans le cercle fatal de l'erreur.

Je te communiquai la nouvelle en hâtant ton départ. Tu étais encore ignorante de bien des choses, les yeux imbibés de sommeil. Quand je te parlai, tu ouvris encore plus grands les yeux et tu te mis à pleurer.

Puis tu me demandas quelque chose, à laquelle tu n'avais jamais fait allusion pendant toutes ces années : si à Gandersheim tu allais revoir ta mère. Non, il n'y avait aucune nouvelle de ta mère, la reine du Danemark. Ta mère s'était toujours tenue à distance de toi, comme l'avait fait la mienne.

Tu te mis au lit pendant deux jours avec de la fièvre. Tu me demandas de te donner un remède, un remède qui te guérisse du monde. Ô mon Dieu, quelle épreuve : Richardis piaffait d'impatience pour s'en aller et je l'en empêchais, toi tu ne voulais pas partir et je devais t'y obliger. Tu pleurais. Tu enviais la petite religieuse qui passait tout son temps dans mon couvent sans gloire terrestre, qui ne possédait pas de nom, qui était née orpheline sans lignage et sans parents. Je te donnai à boire une infusion de valériane avec un peu de barbotine, de bonnes herbes qui refrènent les chagrins et les tristesses et qui vident la conscience. C'était seulement une eau du sommeil, semblable à ce népenthès que la belle Hélène versa, dit-on, dans les coupes des héros afin qu'ils oublient leurs gloires passées et les vacarmes de la guerre de Troie.

Puis les autres moniales te firent fête et s'intéressèrent toutes à ce qu'allait être ton destin, comme elles l'auraient fait pour une jeune mariée. Et justement comme certaines mariées qui restent indifférentes à l'argenterie, aux tapis et aux bijoux, aux nouvelles pièces d'un palais, tu restais distraite et mélancolique.

Le jour de ton départ, nous t'avons habillée, comme c'était la coutume à Rupertsberg, avec une longue robe blanche brodée d'or sur les bords et nous avons tressé dans tes cheveux des perles de rivière et d'astrid. Tu partis à l'aube et la même scène que pour le départ de l'autre se répéta. Je n'avais pas eu le cœur de descendre sur la route et j'avais surveillé ton départ du haut d'une fenêtre. Une lune pendante avait du mal à s'en aller.

Comme alors je me sentis défaillir, à la façon des mères qui, pour détacher leurs enfants d'elles, doivent déchirer la chair vive avec leurs dents. Ce fut la même chose. Mais Richardis avait parcouru à pied la distance qui la séparait du carrosse sans jamais se retourner, en gardant le cap droit devant elle.

Toi tu tournais le visage, sachant que je te surveillais de mes yeux. Et nous nous sommes saluées, de loin, parce que nous avions encore beaucoup de choses à nous dire, puisqu'ensuite, Adélaïde, tu es ici pour recueillir les paroles de ta vieille mère.

Il y a toujours un moment et un lieu, sous les yeux de Dieu, où toute chose a un commencement et une fin. Il y a peut-être un moment entre la mère et la bonne fille où, lorsque l'une s'éteint, l'autre recueille son dernier soupir, sa parole qui désormais s'en va seule.

- LXIII -

J'étais restée seule sans l'Œuvre. Avant que Volmar ne quitte son corps terrestre, nous avions terminé la révision du *Liber divinorum operum*. Il n'y avait plus qu'à revoir certains passages où mon latin faisait défaut, ou certaines miniatures qui ne correspondaient pas parfaitement à ma vision.

Mais Volmar n'était pas intéressé par la perfection, surtout pas dans un livre. Parce qu'il disait que la fragilité humaine se montre dans le défaut et le fait qu'un être aussi éphémère que l'homme puisse concevoir un objet aussi abouti et admirable qu'un livre le remplissait de reconnaissance envers l'Univers.

Mais quelquefois il disait la même chose devant les vers qui s'emmaillotent comme de vilaines momies et qui deviennent papillons.

Il considérait le *Liber* comme conclu à sa façon. En lui la Lumière Vivante avait établi sa demeure dans le monde à travers moi, lui, et les mains de nombreuses sœurs. Après avoir achevé sa tâche, il avait pris congé de cette terre.

D'une certaine manière pour moi aussi l'Œuvre était achevée. J'étais vieille. Mais ma vieillesse ne me posait pas problème, je l'oubliais. Mes années avaient passé rapidement, à la manière d'un fleuve où l'eau est toujours la même, de la source à l'embouchure. Je voyageais encore d'un couvent à l'autre, de Rupertsberg à Eibingen. Je me tenais droite sans bâton, quand je sortais pour herboriser. Je passais plus de temps à observer les arbres, surtout les plus vieux. Il me semblait que je devais tirer d'eux quelques enseignements. Il m'arrivait de penser : les chênes rêvent-ils ? La nuit imaginent-ils des frissons d'écaille verte de dragon ? Peut-être craignent-ils l'ombre immense du Néant, l'Apocalypse de la fin des Temps quand notre monde fondra comme le bronze dans le creux du moule ?

Il m'arrivait souvent de penser à la mort, mais sans appréhension. Je ne me sentais pas encore vieille au point de mourir. Mais je me demandais si la pensée de la mort ne concernait que les humains ou si elle était aussi présente en quelque autre créature de l'univers. Si dans le nuage de moustiques qui entourent une lanterne, et qui n'ont qu'une vie éphémère d'une journée, il y avait une conscience différente de celle d'une comète errante qui parcourt depuis des siècles, inlassablement, la ronde des profonds chemins du ciel. Et la dernière feuille morte qui se détache de la branche et n'a que la vie brève de quelques saisons, comment peut-elle se comparer à la mer qui éternellement se mouille depuis la création ? Dans mon monde empli de gens il m'arrivait d'être très solitaire. Jamais seule. Plus je méditais et moins je voyais dans les choses la pensée d'une fin, la distinction d'un terme. Dans le monde qui était le mien il n'y avait pas de vallées ni de bornes de pierre. Les doigts légers qui allaient étendre le voile sur mes pupilles ne feraient pas tomber le rideau sur mon monde. Ma vision ne prendrait pas fin. Je me concentrai pour guérir de la morsure du manque que je ressentais de Richardis, de Volmar et de toi. De tous ceux que j'avais aimés et qui étaient jetés dans l'au-delà. Les pensées sont puissantes ; si elles se concentrent sur le manque, elles transforment les êtres et les choses en un caveau de fossiles. Mais je voulais les sentir tous vivants et régénérés. Je me concentrai alors sur leur plénitude et je les voyais partout, sillonner mon parcours de rais de lumière. Ainsi je ne souffrais pas de l'absence de Dieu.

- LXIV -

Ce qu'on racontait n'était pas vrai : que j'avais supplié Helengen, le nouvel abbé de Saint-Disibod, de m'accorder l'un de ses moines comme aide. Et qu'il m'avait répondu qu'il ne pouvait pas disposer d'eux selon mon bon plaisir. Le fait que mes couvents prospèrent sans qu'un homme ne les gouverne créait une certaine inquiétude. Les choses étaient en train de changer. On regardait avec de plus en plus de méfiance ces cénacles de femmes, solitaires, vierges et veuves qui se retiraient du monde pour se recueillir en elles-mêmes et trouver des mots pour prier Dieu.

La réputation et l'autorité que j'avais acquise au fil des ans gardaient mes couvents à l'abri, mais laissaient courir de tels bruits.

Gottfried vint seul sans se faire annoncer. Il voulait confronter ma légende avec la réalité – c'est ce qu'il me dit tout de suite, car il avait des manières libres, mais qui n'étaient jamais impertinentes parce qu'il savait aussi être gai et joyeux. Il avait beaucoup d'ambition et avait une haute image de son destin. Il avait de temps en temps besoin que je le rappelle à un peu d'humilité.

Son projet était d'écrire une œuvre sur ma vie. Je pris à mon tour une décision brusque : ma vie n'était pas une carte marine sur laquelle naviguer. Je voulais tout d'abord me faire une idée de son caractère, de ses vertus et des connaissances qu'il possédait. Je l'employai comme secrétaire en lui confiant la rédaction des réponses à de nombreuses lettres qui me parvenaient chaque jour. Pour le diminuer un peu, je le réduisais parfois au rôle de copiste, à la faible lumière des lampes d'hiver. Il ne se lamentait jamais, c'est quelque chose qui me plaisait chez lui. Quand il était trop fatigué il inventait quelque chose, une plaisanterie, une devinette pleine d'esprit. Ainsi se faisait-il pardonner. Il ne supportait pas que je l'emmène dans la campagne pour herboriser. Gottfried n'était pas Volmar qui se laissait emporter par les vents de passage dans les champs avec de durs sabots.

Gottfried appartenait à ces intellectuels qui ont grandi dans la clôture des cloîtres, et dont les yeux effleurent à peine les choses. À lui un peuplier ou une rose ne disait rien, à moins qu'il ne les ait tirés d'un vers d'Ovide. Ce jeune homme ne méditait jamais et quand il priait il le faisait complètement tourné vers l'extérieur. C'était ce qu'on lui avait appris. Quand il me demandait de lui raconter ma vie, il fixait chaque chose avec un sérieux intellectuel qui me laissait pensive.

Il s'était convaincu que le monde avait besoin du poème de ma vie.

- LXV -

Et puis Wilbert arriva. Cette année-là mon jardin était magnifique, empli de roses et de leur sœur, l'aubépine. Un jeune saule que j'avais planté depuis peu avait de jeunes feuilles couleur de l'absinthe. Nous étions dimanche et je dis à mes filles qu'en ce septième jour nous devions considérer que ce que nous avions fait était bon. Il y avait partout des vols de papillons et des odeurs de guirlandes.

Cette nuit-là, avec la première lune d'avril, une terrible averse emporta tout. Au matin cette floraison n'était plus qu'un déchirement de fleurs et un gâchis tout alentour. Le vent jetait çà et là des groupes de feuilles pourries comme si on était en automne. Il n'y avait plus ni papillons ni abeilles, mais un tournoiement noir de corbeaux qui croassaient au-dessus de nous. Je demandai au Seigneur : si le jour d'avant nous avions offert ce jardin au ciel comme si c'était un autel, pourquoi ce massacre ?

Puis je m'étais tout de suite repentie d'avoir eu cette pensée, poussée par la colère. Qu'est-ce qui peut sortir de bon d'une pensée mue par la rage ? J'avais demandé pardon, je m'étais agenouillée humblement et prête à accepter mon destin. Je me mis à méditer au milieu de ce désert de feuilles, en abandonnant toute pensée, comme le faucon qui se prépare à sauter à pic. Dieu n'enlève rien, mais il accorde ses dons gratuitement à qui les accueille avec la grâce du cœur. Rien ne nous est enlevé, car nous sommes comme la mer pleine d'arcs-en-ciel qui ne souffre jamais de pénurie et qui dans ses profondeurs, sous ses emportements, bouillonne de manière calme et soumise comme le fait le cœur. Juste à ce moment-là il me sembla qu'une feuille m'effleurait dans un tremblement d'air, ou alors c'était le bruissement d'un habit. J'ouvris les yeux et il était à côté de moi.

La nuit m'avait dépouillé de mon jardin, mais le jour m'avait amené Wilbert.

- LXVI -

Wilbert de Gembloux était venu à pied depuis l'abbaye de Villers, dans la région du Brabant. Il me connaissait déjà car depuis deux ans, depuis 1175, l'année qui avait suivi la mort de Gottfried, il s'était mis à m'écrire. Ses lettres étaient particulièrement élégantes dans leur forme. Wilbert n'a pas la fougue de Gottfried. Il est comme l'abeille qui butine gentiment la fleur sans l'arracher.

Je lui avais parlé de mes visions dans une lettre, et je lui avais dit comment, à la manière d'un vol, il faut se jeter dans le vide sans avoir peur de l'abîme : *Mais j'offre à Dieu mes mains pour que, comme un oiseau privé de force et de poids et qui vole porté par le vent, il me soutienne.*

C'est justement tandis que je méditais sur le vol qu'il était apparu, sous son humble cape de voyage.

Wilbert connaissait les joies et les souffrances de mes dernières années. Il savait comment le jeune Gottfried, qui voulait tellement briller dans le monde, s'était tout à coup éteint emporté par la fièvre. Sans remède, son visage s'était soudain figé dans l'immobilité des yeux. Pendant quelque temps j'avais éprouvé le réconfort d'avoir à mes côtés un de mes frères avec lequel j'avais juste quelques souvenirs d'enfance dans la maison de mon père. Mais il était déjà bien âgé lui aussi et il se brisa comme le font les bons vieux, à la manière des arbres. Pendant quelque temps, toutefois, il voulut continuer l'œuvre commencée par Gottfried, aidé par un jeune chanoine de Mayence qui fut bien vite rappelé par son évêque.

Ma vie s'était interrompue sur ces pages, et je pensais qu'il devait en être ainsi. Et voilà que Wilbert arrive de loin pour me demander d'écrire sur les jours passés, et d'être à mes côtés pour les jours présents et ceux qui sont encore à venir, quelque peu qu'ils puissent être.

Je lui réponds qu'il n'y a pas de hauts faits à accomplir dans cette partie de ma vie. Quand on est vieux on vit comme les cigales, dont le chant tremble jusqu'à la dernière note. Il me répond qu'à côté de la voyante de Bingen tout peut encore arriver. Il avait raison. Et je perçus que le Seigneur l'avait envoyé après cette nuit de dures averses pour m'avertir qu'il devait encore m'arriver beaucoup de choses. Que le temps n'était pas encore venu de s'étendre comme le font les vieux quand ils décident, en lâchant tout, de se laisser mourir sur un lit. Car en réalité il n'existe aucune période inerte dans la vie de l'homme. Et nous sommes toujours appelés, comme le fait l'aigle, à garder les yeux ouverts habitués au soleil. Et puis à les fermer quand nous nous jetons dans les tourbillons en bravant les précipices et en plongeant. Parce que Lui nous soutient.

- LXVII -

Il devait encore se passer beaucoup de choses. Ta lettre me parvint de Gandersheim, dans laquelle tu me demandais de pouvoir revenir près de moi parce que tu ne te sentais pas encore prête pour ta charge.

Peu de temps auparavant, à l'abbesse Sophie de Kitzingen, qui se proposait de la même manière de se retirer du monde en renonçant au poids de sa charge, j'avais répondu par lettre qu'il était bien qu'elle continue à porter le poids de cette charge, assumé en présence de Dieu, *mais ne laisse pas ce monde que tu portes dans ton cœur comme un pèlerin. Dieu t'aidera et tu deviendras une pierre vivante dans la Jérusalem céleste.*

Avec toi c'était différent. Je t'écrivis : *Je t'accueille comme une mère.*

Tu te souviens ? À peine arrivée je t'ai emmenée en promenade. Nous avons herborisé. Tu étais pâle, avec le visage plein de tâches et les doigts abîmés. Tu étais comme ces outils que personne n'utilise plus et qui deviennent rugueux à cause de la rouille. Tu devinais ma pensée et tu me dis que tu étais un être inutile, comme la mauvaise herbe. Et je t'ai pris une fleur de véronique, l'une de celles que tu préfères, et je t'ai montré ces pétales lisses d'une légère couleur de ciel, que certains prennent pour de la mauvaise herbe. Véronique avait été celle qui avait tenu entre ses mains le beau visage du Christ.

- LXVIII -

C'est depuis ce jour, ma fille, que toi et moi nous nous racontons notre vie. C'est la grâce de Dieu qui t'a amenée à frapper encore à ma porte, parce que c'était moi qui avais besoin de toi. Tu m'apparus presque vieille, enfermée dans ton manteau de voyage, sans sourire dans tes yeux déserts. Et comparée à toi je me montrai jeune et vigoureuse. Le lendemain, c'était moi qui étais vieille, clouée au lit par mon mal qui me diminue avec de délicates cisailles, tu bordais mon matelas, tu allumais le feu, ayant déjà retrouvé la santé de ta jeunesse. C'est ce que nous sommes toi et moi : nous passons de la vieillesse à la jeunesse ou de la jeunesse à la vieillesse, ou plutôt nous sommes vieilles et jeunes en même temps, parce que l'âge n'est que le manteau qu'une femme met sur ses épaules. Même une vieille femme, quand arrive la saison, a besoin de refleurir, de célébrer la fin de l'hiver en s'étendant comme une bonne chienne le museau tourné vers le soleil.

Tandis qu'une jeune a besoin de temps en temps de rassembler un peu d'ombre où calmer les coups de sang, pour acquérir un peu de sagesse prudente, qui soit bonne pour elle et pour les autres.

C'est ainsi qu'est l'histoire que nous sommes en train d'écrire, qui est la mienne mais pourrait être la tienne, ou celle de toutes les femmes qui viendront, jeunes et vieilles elles aussi, pour qui nous représenterons l'antique lignage.

J'ai déjà dicté d'autres histoires de ma vie, à Gottfried et à Wilbert. Et chaque fois j'avais l'impression, en voyant les feuilles écrites à la main, d'avoir mimé l'œuvre de la création, quand les eaux se mirent de côté et que la terre sèche apparut à la vue. Ces paroles me semblaient quelquefois trop sèches, trop privées d'eau. Et les phrases, à les lire, paraissaient avoir oublié l'air. Est-ce vraiment là l'histoire d'Hildegarde ? me demandais-je quelquefois en mon for intérieur. J'en plaisantais avec Gottfried et Wilbert, parce qu'eux me voyaient déjà morte, devenue comme une relique de moi-même. Et sainte.

En écrivant avec toi l'histoire de ma vie, je ne voudrais me voir ni morte, ni sainte.

Je voudrais des paroles qui travaillent la matière sans l'abolir, des paroles qui ne s'expatrient pas en me remplaçant par des figures, en transformant mon cas en *exempla*.

Peut-être que la façon de parler et d'écrire des femmes est différente, parce qu'elle est comme la trame d'un voile qui laisse les choses être elles-mêmes, et les répare dans leur innocence. Et sans les accabler de sens, parce que le parler des femmes touche les choses, il ne les saisit pas et il n'a pas peur de ces clairières de silence qui servent à se montrer sans s'exposer, pour venir à la rencontre les uns des autres et demeurer ensemble comme dans une maison. J'ai l'impression d'être encore vivante, si mes paroles sont aussi les tiennes et celles de toutes mes filles.

Mais cela, je l'ai compris tard, après avoir souffert pour Richardis. Avec elle j'étais une mère qui donnait sens aux mots et je pensais que cela suffisait, parce qu'elle et moi étions une seule âme. Pour me faire comprendre qu'elle était autre, qu'elle était Richardis, elle a dû me donner des coups de pied dans le ventre, pauvre Richardis.

Maintenant au contraire je marche à ta rencontre, je viens te chercher et je ne me sers plus de mes paroles comme de jouets. Elles resplendissent dans les livres, dictées par une voix qui est au-delà de tout temps, de tout voile et qui comprend tout. Mais quand tu m'écoutes et que tu me parles, et puis que tu grattes ta tablette avec ton stylet, je sens que chaque parole est présente en présence de l'autre. De cette manière je n'ai pas l'impression d'écrire ma vie jusqu'à la fin, mais de la vivre chaque jour dans le mystère de sa palpitation. Et je me soulève vers ces mots comme si je respirais à pleins poumons.

- LXIX -

Jamais nous ne pouvons nous dire en sûreté. Il y a toujours un événement qui nous attend, qui nous observe avec de grands yeux de hibou dans l'obscurité. Il se tient à l'affût. Il nous envoie en songe quelqu'un pour nous espionner, comme un percepteur impérial. Puis un matin nous nous réveillons, avec l'âcre chant du coq et nous disons : me voici.

Me voici, Seigneur. Je suis éveillée, dans mon jardin de Gethsémani.

On m'annonça une visite. C'était celle d'un pauvre prêtre de Bingen que j'avais déjà soigné une fois. Il accueillait certainement dans sa maison plus d'âmes que ne le faisaient les chanoines de la cathédrale. Il voulait me parler en secret, car la nuit précédente il avait assisté un chevalier dans sa dernière heure. D'où celui-ci venait-il, cela n'était pas bien clair, mais il avait fait une grande route en se dirigeant droit vers mon couvent où il voulait tirer profit des herbes et se débarrasser avec mon aide d'un grand poids qui pesait sur son âme. Un grand ami à lui l'avait accueilli en ville, mais à peine arrivé le chevalier était tombé plus gravement malade et n'avait pu concentrer toutes ses forces que pour exprimer un vœu : celui d'être enterré dans les terres de mon couvent, auprès des prières de mes très gentilles moniales.

Il n'y avait rien à ajouter à cela, mais je ressentais une gêne dans ma chair, comme si quelqu'un m'avait touché avec un peigne rugueux. Le pauvre prêtre lui aussi était troublé par un mauvais pressentiment.

Je demandai toutefois à ce que l'on amène le chevalier sans tarder. Ils arrivèrent avant le coucher du soleil : le prêtre accompagné d'un enfant de Bingen, et quatre chevaliers qui transportaient le mort sur un bouclier. Son corps était amaigri et douloureux, mais son visage semblait apaisé dans un sommeil enfin arrivé. Je ressentis encore dans ma chair ce peigne rugueux, avec le frisson qu'il provoque. Et je me demandai si j'étais en train de faire le bon choix. Je méditai en moi-même. Tu étais avec moi et je te vis t'approcher du corps, caresser le pauvre front et les joues douloureuses, avec un geste empli de compassion. Les feuilles des arbres faisaient avec le vent un doux miserere et un fauconneau se posa sur une branche, me regardant longuement de ses yeux fixes comme des lucarnes de mica. Je dis sans hésitation qu'il fallait commencer les obsèques. Nous avons entouré le cadavre de bandes de lin blanches, comme Lazare à la veille de sa résurrection, nous avons prié et chanté autour de lui, tandis que la terre le recouvrait.

Le lendemain arriva un messager avec le sceau de l'archevêque de Mayence qui ordonnait d'exhumer le corps du chevalier et de le jeter au-dehors du couvent, parce que c'était un excommunié. Le messager était accompagné de deux hommes à la face renfrognée et aux larges épaules, qui devaient exécuter l'ordre. Je répondis que je n'obéirais pas. Ils me menacèrent. Je leur dis alors que j'avais déjà mené bien d'autres batailles et je les chassai. Puis je vous ai appelés, Wilbert et toi.

Nous avons attendu sans rien faire d'autre, sans remuer les eaux stagnantes. Je priai pour avoir la clairvoyance, qui est la grâce de croire à une autre réalité, plus puissante que celle que nous représentent les personnes qui nous menacent.

- LXX -

Le nom que nous portons a quelque chose à voir avec le corps, pas seulement avec l'âme. Nous ne pouvons rien y faire.

Mon nom, Hildegarde, veut dire « celle qui veille dans la bataille ».

C'est un nom qui décrit ce que je suis, qui me prévient que mon talent est d'aller vers l'extérieur, et non pas de rentrer en moi-même. J'ai quatre-vingt-deux ans et mon Seigneur me demande de me battre, de me mettre encore au service de ce qui arrive. À l'extérieur du couvent il y a un monde qui mord avec des dents triangulaires, au nom de la Loi. Je me place en dehors de cette Loi, qu'ils veulent me faire croire être la seule possible.

La Loi dit qu'un corps que la terre pieuse a accueilli dans son refuge, doit être exhumé et qu'on doit livrer ses chairs comme une charogne. Ma loi à moi est celle de la grâce et de la compassion, elle ne peut pas être la même. Ma loi est celle des femmes, qui se battent non pas pour les actions extraordinaires mais pour les choses nécessaires. Antigone aussi, la fille d'Œdipe, dut enfreindre la Loi qui voulait exposer son frère Polynice, ennemi de Thèbes, tombé sous les coups de son autre frère sous les murs de la ville, en pâture aux vautours, sans sépulture. Le tyran Créon avait dit : celui qui enfreint la Loi subira la mort. Les tyrans s'ingénient toujours à te faire vivre dans le carcan de la mort.

Mais Antigone ne craint pas la mort. Elle voit même déjà les choses à la manière des morts. C'est son âme qui lui sert de lumière dans les vestibules obscurs. Si une femme de l'Antiquité a compris tout cela, avant même la Révélation, quelle mort devrais-je craindre, moi, de la Loi des hommes ?

Mais je craignais pourtant pour mes filles. Pour elles je devais faire preuve d'astuce et de persévérance comme le dit l'Évangile : douces comme des colombes, rusées comme des fouines.

Je les appelai et ne leur cachai rien du danger. Nous décidâmes de concert d'effacer toute trace de sépulture fraîche ; nous avons aplani la terre au-dessus de la tombe du chevalier, en mettant des mottes et des touffes de verdure. Et puis nous avons enlevé de cette tombe et de toutes les autres alentour toute épitaphe avec le nom, de manière à ce que ce plateau saint ne ressemble qu'à une simple fosse commune.

Les fossoyeurs de Bingen arrivèrent vite avec deux gardes et l'émissaire de l'archevêque, diligent et grognon, comme tous les suppôts du pouvoir. Avec de vilains yeux glauques.

Il me convoqua haut et fort, et je me présentai à lui avec toutes mes moniales, comme Ursule avec ses vierges.

Il me dit d'une manière expéditive qu'il était venu prendre le corps de l'excommunié, pour le jeter aux loups de l'enfer auquel il était destiné.

C'était un de ces hommes froids, à l'humeur noire, qui considérait que l'utilisation droite et sûre de l'esprit ne pouvait aboutir qu'à une solution formidable. Il n'avait pas fréquenté les femmes, c'était évident, et il ne pouvait pas savoir combien certaines surfaces lustrées et émaillées de l'intelligence ont peu de prise sur elles. Je répondis : « Dieu ne permettra pas que je remette aux loups quiconque demeure dans mon couvent, qu'il soit vivant ou mort. »

Il s'attendait à cette réponse – la lumière de ses yeux en attendant devenait comme un mince éclair.

Il dit alors qu'il agirait sans mon consentement en vertu d'une autorité qui excluait la mienne.

Il se fit escorter par les croque-morts de Bingen, que j'avais souvent fait venir pour creuser la terre ou recouvrir des fosses. Je le voyais rôder dans ce lieu saint comme s'il s'agissait d'une terre perdue.

La vague de ma respiration sembla se briser en un point aveugle et j'éprouvai alors une grande pitié pour ce pauvre mort dont les vivants se disputaient le cadavre, certainement pour l'exposer ou le soumettre au supplice. Je sentis que ce que je faisais était juste.

Cet homme se plaça encore en face de moi et, sans trop élever la voix, me demanda de lui fournir les bonnes indications. Je lui suggérai : « Remuez toutes les sépultures et interrogez ce qui reste de la meilleure noblesse de l'Empire, avec leurs vers. »

Il retint l'indignation qui pulsait dans ses veines et se mit à passer en revue mes filles une à une, en flairant leur peur comme un prédateur. Je les avais préparées, en leur disant : qu'est-ce que ça veut dire être vierges, sinon posséder une volonté claire et résolue qui nous rend inviolées devant toute contrainte ? Le brigand flaira la peur, et s'arrêta devant Lizabeth qui est la plus jeune de toutes, avec un cœur malade qui quand il est préoccupé devient comme un lumignon tremblant. Le brigand l'attrapa par un bras, en s'arrangeant pour lui faire un peu mal. Je me retins de la lui arracher des mains en le griffant jusqu'au sang. Je m'arrêtai de respirer, en me disant à moi-même de n'avoir aucune crainte et de ne pas troubler par des mouvements inconsidérés le travail du Divin Tisserand. Lizabeth se laissa conduire jusqu'au cimetière. Elle tourna en rond en bougeant les lèvres en prière, puis elle tomba à genoux et se pencha pour embrasser la terre.

J'élevai alors la voix : « Peut-être cela manque-t-il pour faire grandir la gloire de notre évêque, que de martyriser une vierge ? »

Le brigand me rejoignit de près, puis lança un crachat sec sur mes pieds.

Que le Seigneur me pardonne si je me suis complue dans mon orgueil, mais on accorde aux vieux certaines irrévérences, comme on est indulgent avec l'incrédulité des enfants. Que la Lumière Vivante soit miséricordieuse avec moi, si, avant de pardonner, devant cet homme à la face de hibou, j'ai ri.

- LXXI -

À tous les moments difficiles de la vie, ton Nom revient dans les choses et dans le nom même que nous portons sur nous, comme un talisman de chair, et me voilà, Seigneur, Hildegarde dans la bataille.

L'archevêque de Mayence voulait la guerre et il frappa le couvent d'interdit, en défendant qu'on y dise la messe, qu'on y célèbre les sacrements, et qu'on y fasse de la musique. L'interdit nous enfonçait dans les ténèbres, dans l'intérieur du sépulcre comme dans le ventre du Léviathan.

C'était une situation très dangereuse car, dans cette réalité diabolique nous étions assimilées au mort excommunié, à la chair pourrie, terre de personne.

N'importe qui pouvait nous massacrer et détruire ce que nous avions ; tout ce que le Seigneur m'avait accordé pouvait nous être retiré d'un seul coup.

Ce fut d'abord pour moi un crève-cœur, parce que ces coups étaient de véritables mutilations de la chair vive.

Je ressentais l'absence de Volmar et le manque de cette belle chevalerie de l'âme qui avait à une époque soutenu mes batailles, après la mort de Bernard de Clairvaux.

Il me semble que cette époque se satisfait d'hommes que la foi rend de prudents exécutants, manœuvres de l'âme.

Toutes les bonnes gens de Bingen nous avaient soudain abandonnés, saisis de crainte.

Nous avons pris l'habitude de nous réunir à l'église, où je vous parlais, comme on le fait pour les récits d'hiver qui servent à rendre les nuits moins longues et plus fluide l'écoulement des astres.

Dans toutes les histoires, il y a toujours une rencontre à laquelle nous a conduits, après bien des périls, le dessein divin du destin.

Et ce lieu merveilleux où nous pensons trouver le but tant attendu est une étendue de terre vide, un lieu pourri où personne ne nous attend.

Le sens de tout cela est d'accepter, parce que Lui nous attend plus loin. Car le plus grand péché n'est pas de désespérer, mais de ne pas accepter. La Nature sait toujours attendre son tour et les arbres, mieux que les hommes, sont *exempla* d'une acceptation splendide et admirable.

C'est ce que je vous racontais, en vous demandant de vous unir à moi dans la prière *recto tono,* modulée sur une seule note qui s'affûte avec la respiration, qui ne veut pas se taire, continuant son œuvre en sourdine, presque comme si c'était elle qui avait besoin de nous, pour continuer à être priée.

- LXXII -

Puis l'épreuve passa. Ce qui arriva, j'imagine, fut un échange de paroles et de tractations menées dans les antichambres du pouvoir. Mes alliés furent l'archevêque de Cologne et ton oncle Hartwig, qui ne pouvait pas supporter, avec l'interdiction pesant sur le couvent, l'affront fait à sa famille puisque c'est à cet endroit qu'étaient destinées plusieurs femmes de sa propre famille, vivantes et mortes. De fait, on retrouva un témoin, ami du chevalier et chevalier lui-même, qui affirma que lui et son compagnon d'armes, frappés par la même excommunication, s'étaient rendus en pénitence auprès d'un prêtre pieux, duquel ils avaient reçu l'absolution.

Les oreilles récalcitrantes de tous ceux qui auparavant n'avaient pas voulu entendre raison étaient maintenant devenues lentes et dociles à l'expiation d'autrui. C'est ainsi que l'on mène les choses de mon siècle, pour ceux qui veulent les voir dans la stricte observation de la Loi.

Je m'étais laissé conduire par d'autres mains et maintenant le Divin Tisserand montrait l'envers inexplicable du tapis de son droit étincelant.

- LXXIII -

Ce qui devait être dans ma vie, a été. Je connais maintenant le jour de ma mort, mais ne te trouble pas, Adélaïde. Ce fut une vision comme celles d'autrefois. La seule, pourtant, qui m'ait été accordée pour moi-même. J'avais demandé à la Lumière Vivante qu'elle me montre ce moment, pour que je m'y prépare *in spirito et corpore,* et j'ai été exaucée. Car on est toujours exaucés, quand nos désirs sont simples et clairs.

Fais-toi plus proche, Adélaïde, et continue à écrire. Il faut nommer les choses, il faut les dire, on ne peut pas les taire. L'Univers a besoin de se dire et seul l'homme peut dévoiler le secret qu'il contient. Les arbres et les fleurs chantent la beauté de la viridité, mais si l'homme ne la révélait pas, cette beauté se perdrait. Et l'Univers est tellement empli de beauté ! Si seulement nous avions la reconnaissance de le célébrer et d'entrer en lui pour en faire une seule chair, et non pas un relief qu'on regarde à distance ! Parce que la Beauté qui est Vérité n'a ni coupe ni pointe et elle accorde partout et à pleines mains sa consolation.

Si au lieu d'une épée, d'un cilice, d'une pénitence à genoux, nous offrions un peu de beauté…

- LXXIV -

Apportez-moi un peu de soupe d'épeautre, qui parmi les aliments est celui qui possède tout ce qu'il nous faut pour vivre et qui rend la chair bonne, bon le sang et l'humeur légère. Je sens que chaque jour ma chair s'attendrit et qu'elle commence à prendre les vertus de l'eau.

Autrefois je pensais que la mort devait être comme dans mes visions : un saut de l'air dans le sac des poumons.

Au contraire nous naissons de l'eau et c'est à l'eau que nous devons retourner.

Mon seul regret est de ne pas avoir conduit mes filles à se plonger là où à Bingen le Nahe pénètre doucement dans un canal, avant de se jeter dans le Rhin tumultueux. Parce que chaque corps a besoin du rite de l'eau, du baptême dans le Jourdain, pour s'abandonner et goûter à ce plaisir qui précède toute vie et toute mort. Tout est aussi simple, Adélaïde. L'eau est en pente par destin et elle conduit toujours à l'élargissement d'une embouchure. *Per visibilia in invisibilia.*

Appendice

POSTFACE

La *Vie d'Hildegarde* est ce qu'elle dicta aux différents secrétaires qui se succédèrent auprès d'elle : Gottfried et Wilbert de Gembloux, principalement, puis Théodore d'Echternach, qui y ajouta deux livres dédiés aux visions et aux miracles, en répondant à la suggestion ingénument hagiographique de l'époque.

Reste à se demander comment il se fait qu'Hildegarde, entourée de femmes qu'elle voulut savantes et intrépides, à qui elle n'a rien caché de sa connaissance des sens les plus subtils, avec lesquelles elle a communiqué profondément en élaborant un code secret de paroles et de sons, n'a jamais dicté le récit de sa Vie à une moniale.

Cette *Vita Hildegardis,* dans laquelle sa pupille Adélaïde recueille et met par écrit les paroles de sa vénérable *magistra,* est donc à prendre comme un roman.

Le roman, comme le dirait Manzoni, est un genre littéraire particulier qui accorde à l'auteur le privilège de considérer l'Histoire dans son endroit et son envers, en entrant dans les pièces de la quotidienneté, en essayant de s'imaginer tout ce qui s'y est raconté, murmuré ou tu, plutôt que ce qui a été transcrit et confirmé dans les documents.

Le vraisemblable romanesque, de plus, ne nous laisse jamais seuls face à l'Écriture qui bien souvent chez Hildegarde nous effraie, devant ses *summae* vertigineuses et concentriques, ou nous laisse perplexes quand elle nous recommande de nous procurer, en guise de médicament, de la bile d'anguille ou du bec de vautour.

La langue d'Hildegarde est une langue allégorique, celle que, avant même les mystiques, ont pratiqué les amants et les conteurs, c'est-à-dire ceux qui ont exprimé avec des mots simples l'indicible et l'invisible.

Pour pouvoir comprendre ce langage, on a besoin de foi, d'attention, de clairvoyance et d'un certain talent pour l'approximation.

Les femmes semblent plus aptes à le pratiquer, surtout lorsqu'elles parlent entre elles : volontiers, plutôt que de donner une explication au conte, elles ajustent un conte à l'explication.

HISTOIRE

1098 : Hildegarde naît à Bermersheim, près d'Alzey, en Haute-Rhénanie, sur les terres de l'évêché de Mayence. C'est la fin de l'été. Son père Hildepert appartient à la petite noblesse et administre les terres du couvent de Spire. Sa mère Mechtilde est déjà une femme mûre, épuisée par neuf grossesses. Hildegarde est le dixième enfant.

À cette époque, Henri IV règne sur le Saint-Empire Romain Germanique. Les chevaliers d'Europe, réunis dans la première croisade, ont assailli et conquis Jérusalem.

1101-1103 : La santé de la petite Hildegarde est très fragile. Les visions se montrent à elle de manière précoce : dès qu'elle commence à parler elle laisse entendre à ceux qui l'entourent qu'elle parvient à voir ce qu'il y a au-delà des choses. Elle a cinq ans lorsqu'elle prédit à sa nourrice, en voyant une vache pleine, la forme exacte du petit veau qui doit naître. Le pouvoir de la petite fille suscite émerveillement et méfiance. Hildegarde craint ces visions et les combat : cela lui procure des maladies et de violents maux de tête.

1106 : Ces parents décident d'en faire une oblate, c'est-à-dire de la donner pour toujours au monastère bénédictin de Disibodenberg. Le rite auquel elle est soumise est celui des recluses, des anachorètes. Celle qui prend soin d'elle est une jeune femme noble, Jutta, fille du comte de Sponheim, qui s'est retirée volontairement dans une clôture, dans un endroit du monastère réservé à cet effet et qu'on appelle le *sepulchrum.* Hildegarde est analphabète, *sine littera,* mais Jutta l'éduque avec soin à la lecture et à l'étude des textes sacrés et elle lui enseigne les premiers rudiments de musique en l'accompagnant avec le psaltérion à dix cordes. Les visions succèdent à des moments de maladie, dans lesquels elle sent qu'elle est comme « un vase d'argile à l'épreuve du feu ».

1112-1115 : Beaucoup de femmes rejoignent Jutta en transformant son ermitage en un petit cénacle sous la direction d'une vieille abbesse, qu'on qualifie de *magistra.* Hildegarde reçoit l'habit monacal des mains de l'évêque Othon de Bamberg. Au bout de plusieurs années, à la mort de la mère abbesse, Jutta devient le chef de la communauté.

1136 : Jutta meurt d'un cancer qu'Hildegarde avait prévu dans ses visions. La communauté unanime l'élit comme abbesse, *magistra sponsarum Christi.* Durant ces années Hildegarde a à ses côtés deux personnages destinés à jouer un rôle fondamental dans son histoire : le moine Volmar, qui est auprès d'elle comme guide spirituel et comme secrétaire, et la novice Richardis, appartenant à la puissante et noble famille des von Stade, et qui sera « la fille de mon cœur ».

1138 : La Lumière Vivante qui parle à Hildegarde dans ses visions lui ordonne de mettre par écrit tout ce qui lui est transmis. Hildegarde se confie à Volmar : « Il m'écouta attentivement et m'ordonna de les écrire, sans en parler à personne d'autre, tant qu'il n'aurait pas compris de quoi il s'agissait et d'où elles venaient. »

1141 : Hildegarde se met à écrire le *Liber Scivias* avec l'aide de Volmar et de Richardis, comme le montre l'image qui accompagne le manuscrit enluminé de Wiesbaden qui les représente ensemble.

1146 : Pour obtenir un soutien et être confortée dans la rédaction de sa propre œuvre, Hildegarde écrit à Bernard de Clairvaux à qui elle soumet quelques pages du *Scivias.* Bernard l'exhorte à continuer, confiant dans le haut dessein prophétique dont elle est l'instrument.

1148 : Ces années-là, Hildegarde commence à se dédier aussi à sa production musicale, comme le confirme une lettre que lui adresse Odon de Soissons : « On dit de toi que, t'élevant jusqu'au ciel, tu as des visions et que tu annonces beaucoup de choses que tu vois en les écrivant; on dit aussi que tu les fais connaître en composant des chants originaux, sans avoir rien étudié de tout cela. » Bernard de Clairvaux, en accord avec d'autres, conseille au pape Eugène III de ne pas laisser recouvrir par le silence cette lumière si éminente. À l'occasion du synode de Trèves, le pape lit dans la cathédrale de la ville quelques passages tirés du *Scivias.*

1150 : Hildegarde reçoit dans une vision l'ordre de transférer ses moniales dans un monastère indépendant sous sa tutelle. Le projet est contrecarré par l'abbé du monastère de Disibodenberg. Après une longue période de difficultés, aggravée par de continuels épisodes de crise de santé pour Hildegarde, le groupe réussit à partir. Le lieu choisi est le rocher où saint Rupert a prêché et a été enterré, près de la ville de Bingen, où la rivière Nahe se jette dans le Rhin. L'intervention de la marquise von Stade, mère de Richardis, est décisive. Le petit groupe de dix-huit moniales augmente en quelques années jusqu'à arriver au nombre de cinquante.

1151 : La rédaction du *Liber Scivias* se termine. Le pape Eugène confirme dans une lettre à Hildegarde la diffusion de son nom et de sa renommée ; il l'exhorte toutefois à la prudence, parce que la palme de la victoire est donnée à celui qui arrive à la fin, et non pas à celui qui en est au début. Richardis informe Hildegarde qu'elle a accepté de devenir abbesse du monastère de Bassum, près de Brême, où son frère Hartwig est évêque. Hildegarde réagit avec indignation, parce que la charge a été achetée, que la décision ne vient pas de la communauté et qu'elle y voit un signe de la décadence de l'époque ; et l'amour exclusif et jaloux qu'elle porte à sa pupille l'amène à envoyer des lettres de menace à la famille von Stade, à l'archevêque de Mayence, et même au pape. Ses tentatives sont inutiles. Richardis part, mais meurt l'année suivante.

1151-1158 : Hildegarde commence à écrire *Physica* et *Causae et Curae*, dans lesquels elle explore les lois et les *subtilitates* de la Nature, en considérant l'harmonie de l'âme et la bonne santé du corps comme des éléments indispensables à toute évolution spirituelle. C'est aussi à ces années-là que remonte la *Symphonia harmoniae caelestium revelationum* qui contient ses œuvres musicales, parmi lesquelles l'*Ordo virtutum,* considérée comme la première représentation sacrée du moyen âge. On y célèbre le triomphe de la virginité, comme consécration de la beauté et de la puissance de la féminité sacrée. Mais des bruits décrivant les moniales d'Hildegarde habillées de blanc et de vert, avec des fleurs et des bijoux ornant leurs cheveux qui n'ont pas été coupés, cultivant les arts et la danse, et parlant entre elles une langue secrète, suscitent méfiance et étonnement auprès de leurs contemporains. C'est peut-être à ces années que remonte aussi l'entrée au couvent comme novice d'Adélaïde, fille de Liutgarde von Stade, sœur de Richardis, et du comte palatin Frédéric de Sommerschenberg. Après le divorce de ses parents et suite au mariage de sa mère avec Henri roi du Danemark, la petite avait été confiée à sa grand-mère et conduite par cette dernière au monastère de Rupertsberg. Elle devait y être éduquée par Hildegarde, dans le but de devenir un jour abbesse du puissant monastère de Gandersheim. Hildegarde ne s'oppose pas à ce projet et garde Adélaïde auprès d'elle. Elle reste bien sûr auprès d'Hildegarde jusqu'à sa mort, revêtue de la même élection qui avait distingué Richardis : celle de pupille, de secrétaire et de *filia*. Devenue abbesse de Gandersheim, Adélaïde meurt en 1184.

1155 : Hildegarde noue une correspondance avec les principaux protagonistes de son époque : les papes Eugène III, Anastase IV, Alexandre III, l'empereur Conrad, la reine Aliénor d'Aquitaine. Sa correspondance avec le jeune Frédéric de Hohenstaufen dit le Barberousse est d'un intérêt particulier. Les deux se rencontrent dans la résidence de Frédéric à Ingelheim, où Hildegarde lui prédit qu'il sera élu empereur.

1156-1161 : Commencent ces années-là les voyages d'Hildegarde qui visite communautés et monastères et qui prêche du haut de la chaire des cathédrales des villes de Trèves, Mayence, Krauftal, Bamberg, Andernach, Sieburg, Liège, en descendant le long du fleuve du Main.

1158-1163 : Hildegarde commence à écrire le *Liber vitae meritorum* dans lequel, en six visions, elle montre de manière prophétique quelles sont les vertus et surtout quels sont les vices qui font partie de l'existence de l'homme dans son voyage terrestre.

1159 : Frédéric Barberousse fait élire un antipape, Victor IV, donnant naissance à un schisme qui durera dix-huit ans. Hildegarde fera de sévères reproches au souverain mais ne lui retirera jamais son amitié.

1160 : C'est le début du second voyage qui comprend une prédication publique dans la cathédrale de Trèves, dans laquelle elle dénonce le laxisme et la corruption de l'Église. Le prestige et l'autorité dont elle est revêtue lui donnent une liberté de mouvement et de pensée inimaginable pour une femme de son époque.

1161-1163 : Un troisième voyage de prédications l'emmène vers le Nord, vers Cologne et Werden. Hildegarde commence à écrire le *Liber divinorum operum* qui l'occupera pendant dix ans. Cette œuvre est la dernière des trois grandes *summae* écrites par la moniale et rassemble dans un projet unitaire toute sa science et son savoir, dans lequel l'homme est considéré comme le centre de la roue admirable de la création, destiné à en rétablir l'unité primordiale. La rédaction du texte est soutenue par un énorme et diligent atelier de moniales copistes et miniaturistes.

1165 : Hildegarde pourvoit à la fondation d'une abbaye « fille » à Eibingen, sur l'autre rive du Rhin. C'est le seul monastère hildegardien qui survit encore aujourd'hui, car celui de Rupertsberg a été détruit par un incendie au XVIIe siècle. Pendant la traversée du Rhin, pour aller d'un couvent à l'autre, a lieu le miracle par lequel Hildegarde guérit un bébé aveugle qu'une mère incrédule lui tend en s'approchant de sa barque. Les miracles d'Hildegarde sont rapportés pour la plupart dans la troisième partie de sa *Vie,* selon un procédé hagiographique que réclame non seulement la tradition chrétienne, mais aussi la structure magique et coutumière aux contes des *vetulae,* les bonnes sorcières et guérisseuses, sur qui pèsera dans les siècles suivants le soupçon féroce d'être liées au démon.

1169 : La guérison la plus spectaculaire est celle de Sigewise, la possédée, une jeune femme qui lui est envoyée par l'abbé de Brauweiler et pour laquelle tout exorcisme avait été vain. Hildegarde intervient avec une psychothérapie *ante litteram,* en comprenant que le mal qui la ronge n'est que la manifestation d'une frustration chez une femme qui veut être protagoniste à sa manière, prédicatrice comme elle, et qui use à cet effet du pouvoir des mots de manière irrévérencieuse et déstabilisatrice.

1170 : Elle écrit la *Vie de saint Disibod* et entreprend son plus long voyage, dans la terre de Suède.

1173 : Volmar meurt. Une légende posthume parle aussi d'un voyage qu'Hildegarde aurait fait cette année-là à Paris pour montrer ses livres à Guillaume d'Auxerre, *magister* de théologie dans cette ville. Mais cette histoire semble privée de tout fondement.

1174 : Gottfried, moine de Saint-Disibod, assume la charge qui avait été celle de Volmar et commence à rédiger la première partie de la *Vita Hildegardis.* Mais il tombe soudainement malade et meurt en 1176. Peu après meurent aussi deux clercs qui le remplacent : un frère âgé d'Hildegarde, Hugo, et un chanoine de Mayence.

1177 : Arrive comme nouveau secrétaire, venant de l'abbaye de Villers dans le Brabant, le moine Wilbert de Gembloux, avec lequel Hildegarde entretenait une correspondance déjà depuis 1175. Il terminera le premier livre de la *Vita,* commencé par Gottfried. Les deux livres, consacrés aux visions et aux miracles, dans une intention clairement hagiographique, seront ensuite rédigés par Théodore d'Echternach.

1178 : Hildegarde est contrainte à subir l'épreuve la plus difficile de sa vieillesse. L'évêque de Mayence veut l'obliger à exhumer de son couvent le corps d'un chevalier, en soutenant que celui-ci avait été excommunié. Devant le refus de l'abbesse, qui obéissant à la Lumière Vivante ne veut pas violer la sépulture, son couvent tombe sous l'interdit ecclésiastique, avec interdiction de célébrer les sacrements et de chanter les hymnes liturgiques.

1179 : L'interdit est révoqué. Hildegarde prédit le jour de sa mort : le 17 septembre. Des signes miraculeux l'accompagnent au moment du passage : deux arcs-en-ciel étincelants apparaissent en se croisant aux quatre points cardinaux. À l'endroit où ils se rencontrent, une grande lune semble chasser la nuit et une croix, qui s'agrandit en cercles de plus en plus grands, éclaire le couvent et toute la montagne alentour. Hildegarde est enterrée à Eibingen.

On réclame partout son procès de canonisation, qui au XIIe siècle suit des normes plus rigoureuses et bureaucratiques, vis-à-vis des saints proclamés « par la ferveur du peuple ».

Documents, copies manuscrites et témoignages sont envoyés à Rome, et on opère déjà une première sélection. Les livres de *Physica* et *Causae et Curae* restent à Rupertsberg. Les nouveaux courants de l'Église regardent avec méfiance, ou avec une indifférence peu dissimulée, ce savoir encyclopédique et naturaliste, qui d'un côté accueille et préserve les préceptes domestiques de la guérison et de l'autre considère le corps dans la plénitude de sa matérialité comme une partie inséparable de l'univers entier. Même sa musique sera passée sous silence, pour n'être redécouverte que récemment. Obstacles et erreurs, certainement orchestrés par une politique clairement répressive, laissent dans l'incurie et dans l'abandon ce matériel déposé à la Curie qui, tout de suite après, est transporté de Rome à Avignon. Le procès de canonisation n'a jamais été attesté et Hildegarde n'appartient pas au nombre des saints officiels. En 1324 son culte est « admis » avec une indulgence provenant du pape Jean XXII.

TABLE DES MATIÈRES

Pour être tenu informé des publications des éditions Nouvelle Cité et recevoir notre catalogue, veuillez adresser vos coordonnées à :

Éditions Nouvelle Cité
Domaine d'Arny
91680 Bruyères-le-Châtel
France

ou à :

editions@nouvellecite.fr

NOM :..
Prénom :..
Adresse :...
....
Code postal :..
Ville : ....
Pays : ....
email :..

Je souhaite être informé(e) des publications de la maison d'édition Nouvelle Cité.

www.nouvellecite.fr

Achevé d'imprimer en novembre 2013
sur les presses de la Nouvelle Imprimerie Laballery
58500 Clamecy
Dépôt légal : novembre 2013
Numéro d'impression : 311088

Imprimé en France

La Nouvelle Imprimerie Laballery est titulaire de la marque Imprim'Vert®